Johann Siebmacher

J. Siebmacher's grosses und allgemeines Wappenbuch

in einern euen, vermehrten Aufl., herausg. von O.T. von Hefner.

GrundSaeze der Wappenkunst, von O.T. von Hefner.

Johann Siebmacher

J. Siebmacher's grosses und allgemeines Wappenbuch
in einern euen, vermehrten Aufl., herausg. von O.T. von Hefner. GrundSaeze der Wappenkunst, von O.T. von Hefner.

ISBN/EAN: 9783337573737

Printed in Europe, USA, Canada, Australia, Japan

Cover: Foto ©ninafisch / pixelio.de

More available books at **www.hansebooks.com**

J. SIEBMACHER'S

grosses und allgemeines

WAPPENBUCH

in einer neuen vollständig geordneten und

reich vermehrten Auflage

mit heraldischen und historisch-genealogischen Erläuterungen

neu herausgegeben.

Der Adel der freien Städte Hamburg, Bremen und Lübeck

bearbeitet von **Max Gritzner**, Lieutenant a. D.,

illustrirt von **A. M.** Hildebrandt.

Lieferung: 87 oder Band: III. 3. Heft: 1.

NÜRNBERG.

Verlag von Bauer & Raspe.

(Ludwig Korn.)

1871.

J. SIEBMACHER'S

grosses und allgemeines

WAPPENBUCH

in einer neuen vollständig geordneten

und

reich vermehrten Auflage

mit heraldischen und hiftorisch-genealogischen Erläuterungen.

***

DRITTEN BANDES, DRITTE ABTHEILUNG.

Der Adel der freien Städte Hamburg, Bremen und Lübeck.

Bearbeitet von

Max Gritzner,

Königl. Preuss. Lieutenant a. D., Ritter etc.

illustrirt von

Ad. M. Hildebrandt.

***

NÜRNBERG.

VERLAG VON BAUER UND RASPE.

— LUDWIG KORN. —

1871.

Der Adel der freien Stædte.

Nürnberg.

Bauer & Keßpe

bearbeitet von M. Gritzner und Ad. M. Hildebrandt

1870.

Vorrede.

Die Lösung der Aufgabe, gemäss dem Plane des neuen Siebmacher, den Adel der drei freien Städte Hamburg, Bremen und Lübeck zu bearbeiten, war keine leichte. Einmal bieten die alten adligen Patriziergeschlechter Hamburgs und der Zirkelgesellschaft in Lübeck, die nun fast alle erloschen sind, so viel Interessantes dar, dass — auch die abgegangenen — nicht zu ediren, ein Missgriff gewesen sein würde, anderntheils existirt aber an Werken gerade über dieselben nur sehr wenig Benutzbares, so dass beim besten Willen oft nicht mehr zu erfahren war.

Eine fernere Schwierigkeit entsteht dadurch, dass in diesen Städten (ebenso wie auch in den Elbherzogthümern, Hannover und Oldenburg) eine grosse Menge von Familien leben, welche, ohne die Adelsprärogative zu beanspruchen, oder ein adliges Wappen zu führen, dennoch das Adelsprädikat „von" ihrem Namen vorzusetzen pflegen, wodurch die Forschung, wer nun eigentlich adlich ist, wesentlich erschwert wird.

Es mag letztere Sitte theilweis dadurch entstanden sein, dass aus anderen Städten Eingewanderte bei Entstehung der erblichen Familiennamen sich von dem Auswanderungsort zu schreiben begannen (z. B. von Minden etc.) vielleicht sind auch viele dieser Familien Holland entstammt, (wo bekanntlich das „van" vor Familiennamen häufig vorkommt, aber den Adel nicht bedingt) und haben ihr „van" mit der Zeit in „von" umgewandelt.

Auch dürften sich unter den Einwohnern vielleicht zahlreiche Abkömmlinge dänischer Offiziere (welche bekanntlich den Personaladel besitzen) befinden, die zwar zur Führung des Adelsprädikates nicht berechtigt sind, aber aus süsser Gewohnheit das „von" vor ihrem Namen nicht gern missen würden.

IV

So muss ich denn, wenn sich in der Arbeit leider Lücken genug finden, auf obige Schwierigkeiten zu verweisen mir erlauben, und bitte mit Rücksicht darauf, um eine nicht zu strenge Kritik.

Es erübrigt mir noch, hier der liebenswürdigen Unterstützung meines Freundes, Herrn Hauptmann Heyer, für diese Abtheilung und für Luxemburg dankend Erwähnung zu thun.

Berlin, Victoriastrasse 11.
1871.

Max Gritzner,
Kgl. Preuss. Lieutenant a. D., Ritter etc.

Adel der freien Städte Hamburg, Bremen und Lübeck.

Abereron. (Taf. 1).

Ursprung und Wappen s. beim Schleswig-Holsteiner Adel.

1867 ein Lieutenant a. D. C. v. A. in Hamburg.

Adelebsen. (Taf. 1.)

Ursprung siehe beim Hannöverschen Adel. Die in der Lübecker Zirkelgesellschaft gewesenen v. A. führen den Schild folgendermassen:

Gespalten und zweimal getheilt von G. und B. wechselnd.

Auf dem Helme 2 Büffelhörner b.-g., je mit einer Spange verwechselter Tinktur.

Decken: b. g.

Grafen Ahlefeldt. (Taf. 1).

Ursprung und Wappen siehe beim Schleswig-Holsteinischen Adel.

1867 lebt ein Graf von Ahlefeldt aus der Linie Eschelsmark in Wandsbeck.

Ahlen (oder Alen). (Taf. 1).

Altes Geschlecht, stammend aus dem gleichnamigen Ort in Westphalen, gehörten zur Lübecker Zirkelgesellschaft Diderich (al. Tidemann) v. Alen 1303—25 Rath zu Lübeck.

Wappen: gespalten, vorn in R. ein g. Adlerflügel mit Klaue (abwärts) einwärtsgekehrt, hinten von G. und B. dreimal getheilt.

Auf dem Helme ein offener ‡‡ Flug.

Decken: r. g. - b. g.

Dieses Namens kommen noch 1867 Personen in Hamburg vor, die aber wohl nicht zur obigen Familie gehören.

Ahlffken.

nicht adlig, wohl van Ahlffken; 1867 in Hamburg vorkommend.

Ahn.

Fraglich ob adlig. In Hamburg und Bremen kommen 1867 Personen dieses Namens (Kaufleute) vor.

Ahsen. (Taf. 1).

Fraglich, ob adlig. Angeblich soll die Familie indess von Adel sein und aus Norwegen stammen. In Hamburg und Bremen kommt die Familie vor.

Das Wappen, welches sie führt ist im b. Schilde eine nackte Jungfrau (Fortuna), welche ein Segel über sich schwingt.

Auf dem Helme zwischen 2 auswärtsgelehnten g.-begr. s. Beilen 3 Waizenähren mit 3 Halmen.

Decken: b. s.

Allwörden. (Taf. 1).

Wahrscheinlich van Allwörden. Diese Familie blüht noch in Hamburg; ob adlig, unbekannt, jedoch

Bd. III. Abth. 3.

war auch in Mecklenburg 1783 ein von Allwörden bedienstet.

Wappen: gespalten, vorn in S. eine nat. Taube, hinten in G. ein aufgerichteter b. Pfeil.

Auf dem Helme, zwischen 2 Büffelhörnern s.-g. eine Taube mit 3 Eicheln im Schnabel.

Decken: b. s.

Ancken,

wohl van Ancken; in Hamburg vorkommend.

Andel.

wohl van Andel; in Hamburg vorkommend.

Ankelmann (Anckelmann). (Taf. 1.)

Hamburger adliges Patriziergeschlecht. Seit 1634 dort bekannt.

Wappen: in ‡‡ 3 auf grünem Boden fächerförmig gestürzte s. Lanzeneisen.

Aus dem Helme wächst ein gekrönter ‡‡ Löwe.

Decken: ‡‡ s.

Eine in Sachsen blühende Linie ist 1722 erloschen. Der Adel datirt vom Jahre 1608, Bestätigung vom Jahre 1683.

Anten (Anthen).

Jacob v. Anten 14. März 1676 vom Hamburger Senat beeidigter Domvicar, starb 1678.

Wappen?

Appen,

wohl van Appen; in Hamburg vorkommend.

Arends. (Taf. 1.)

Hamburger adliges Patriziergeschlecht.

Wappen: In S. und auf dem Helme ein r. Pantherkopf.

Decken: r. s.

Aspern.

In Hamburg 1867 vorkommend (ein Dr. med. dieses Namens und noch mehrere andere).

Fraglich ob adlig.

Attendorn. (Taf. 1.)

Zur Lübecker Zirkelgesellschaft gehörige adlige Familie, welche sich auch Attenderne und Attendoren schrieb, und aus dem gleichnamigen Orte in Westphalen stammt. Dolmar von A. (1286) Kammerherr zu Lübeck.

Wappen: In B. ein zunehmender g. Mond begleitet von 3 (2. 1.) g. Sternen.

Auf dem Helme vor b. Pfauwedel, aus dem noch beiderseits ein kleiner von 3 b. Federn hervorgeht, 3 b. Pfauenwedel an r. Schäften fächerförmig gestellt, der mittlere Schaft mit g. Stern belegt.

Decken: b. g.

1

Axen.

In Hamburg; fraglich ob adlig.

Barclay de Tolly. (Taf. 1.)

Schottisches Geschlecht, aus welchem d. d. 17. December 1648 Wilhelm Barclay den schwedischen, d. d. Wien 18. Sept. 1792 August Wilhelm Barclay de Tolly den Reichsadelstand erhielt.

Wappen: (Diplom 1648) in B. ein bis ans Schildeshaupt reichender g. Sparren, begleitet oben von 2 s. Ordenskreuzen, unten von fascettirter s. Raute.

Auf dem b. g. s.-bewulsteten Helme ruht ein geharnischter Arm mit Schwert.

Var.: ebenso, nur der Sparren in seiner Spitze mit aufgerichteten grünem Kleeblatt belegt; statt des Armes eine Menschenfaust, abgehauen, mit dem Schwerte.

Aus dieser Familie kommt 1867 ein Banquier Barclay de Tolly in Hamburg vor.

Nach dem Diplom von 1792 ist der Schild g.-bord., der Sparren fast ganz durchgehend, von 3 g. Ordenskreuzen begleitet.

Auf dem gekrönten Helme ein dergleichen.

Decken: fehlen (b. g.)

Bargen. (Taf. 2.)

Ursprung unbekannt. Die Familie kommt schon anno 1522 in Hamburg vor, wo mehrere Mitglieder 1867 Banquiers sind.

Sie führen als Wappen einen s. Schild, worin ein nach rechts schreitender ‡‡ gekleideter Barfüsser Pilger mit Muschelstab.

Auf dem gekrönten Helme ein offener ‡‡-s. Flug.

Decken: ‡‡ s.

Baring,

wahrscheinlich zu der Familie der Baringk von Wallrode gehörig. (Ursprung und Wappen siehe beim Luxemburger Adel), kommen 1867 einige in Hamburg vor.

Beck, von. (Taf. 2.)

Reichsadelstand d. d. Prag 23. März 1587 für Herrmann Beck, erzbisch. brem. Rath und Jodocus, Gebrüder von der Beckhe, stammend aus einem, schon 1246 urkundlich erscheinendem Bremer Patriziergeschlecht.

Wappen: In G. ein b. Querstrom.

Auf dem gekrönten Helme ein g. Stern zwischen zwei Straussfedern g.-s.

Decken: b. g. Die Familie blüht in Hannover.

Ein Herr F. M. v. Beck lebt 1867 in Hamburg, wahrscheinlich aus dieser Familie, die sich jetzt von Beck schreibt.

Becke, von der.

Ungewiss, ob der vorigen, oder einer anderen adligen Familie dieses Namens, von denen es viele giebt, angehörend, lebt ein Johann Heinrich von der Becke 1867 in Hamburg.

Beer. (Taf. 2.)

Alte, zur Lübecker Zirkelgesellschaft gehörige Familie.

Wappen: In G. ein aufgerichteter s. Bär.

Auf dem Helme wächst derselbe.

Decken: g. s.

(NB. für S. besser ‡‡).

Beesten. (Taf. 2.)

Ursprung und Wappen siehe beim hannöverischen Adel.

Ein Maler v. Beesten 1867 in Hamburg.

Behrens. (Taf. 2.)

Möglicher Weise der Familie Be(h)rens v. Rautenfeld angehörig. Dieselbe erhielt d. d. Wien 5. Aug. 1752 mit dem Prädikat v. Rautenfeld in Person des grossfürstlich russischen und Schleswig-Holsteinischen Commerzienraths Heinrich Berens den Reichsadelstand.

Wappen: Gespalten von B. und R. vorn über aufgerichteter s. Raute 2 aus den Schildrändern gegen einandergekehrt wachsende ‡‡ Bracken, hinten 3 (2. 1.) s. Rauten.

Aus dem r. s. b.-bewulsteten Helme wächst ein g.-gewäffter ‡‡ Adler.

Decken: b. s.-r. s.

1867 ein Fabrikant Johann Diedrich v. Behrens in Bremen.

Beitz, von der.

1867 ein Wegebauinspector dieses Namens in Bremerhaven.

Bellinghausen. (Taf. 2.)

Alte, zur Lübecker Zirkelgesellschaft gehörige Familie, dorthin aus Liefland gekommen, verschieden von der cölnischen gleichnamigen Familie.

Wappen: von S. über ‡‡ durch eine Zirkellinie getheilt, mit 2 pfahlweis gestellten Sternen verwechselter Tinktur, der obere achtstrahlig der untere sechsstrahlig und keinen der Strahlen senkrecht aufwärtskehrend.

Auf dem Helme ein offener ‡‡ Flug beiderseits mit sechsstrahligem s. Sterne.

Decken: ‡‡ s.

Benthem. (Taf. 2.)

Adlige, in Lübeck früher blühende, aus dem Orte Bentheim in Westphalen eingewanderte Familie, welche auch in Curland noch jetzt als von Bentheim blüht.

Wappen: getheilt durch s. Balken von R. über ‡‡, oben ein g. Stern.

Auf dem Helme ein offener Flug r.-‡‡.

Decken: r. g.-‡‡. s.

von dem Berge. (Taf. 2.)

Hamburger adliges Patriziergeschlecht.

Wappen: In B. aus r. Boden wachsend, ein s. Löwe.

Auf dem Helme wächst derselbe.

Decken: b. s.

Bergen. (Taf. 2.)

Hamburger adliges Patriziergeschlecht. Schon 1582 ein Hans v. Bergen dort Oberalter.

Wappen: In B. ein mit quergelegtem r.-bestielten b. Hammer am Stiel mit 3 gr. Knöpfen rechtshin belegter s. Balken; begleitet oben von achtstrahligem g. Stern, unten von 2 r. Rosen.

Auf dem b. s.-bewulsteten Helme, zwischen 2 s. b. übereck getheilten Büffelhörnern die rechte Hälfte eines gespaltenen g. achtstrahligen Sterns und die linke Hälfte einer gespaltenen r. Rose den Spaltlinien zusammengestellt.

Decken: b. s.

Var.: Unter b. Schildeshaupt worin ein achtstrahliger g. Stern, in S. ein querliegender Hammer mit r. Griff, daran 3 g. Knöpfe über 2 r. Rosen.

Auf dem Helme 1/2 achtstrahliger g. Stern und 1/2 r. Rose mit dem Spalt aneinandergestellt zwischen 2 s.-b. Büffelhörnern auf b. s. Wulst.

Decken: b. s.

van den Bergh.

Nicht adlig. Einer dieses Namens 1867 lübeckischer Vice-Consul in Portsmouth.

Berchmann. (Taf. 2.)

Hamburger adliges Patriziergeschlecht.
Wappen: In B. ein s. Querstrom, begleitet von 5 (3. 2) gr., querliegenden Aststücken, je mit wachsenden Tannzapfen.
Auf dem b. s. - bewulsteten Helme eins derselben zwischen 2 von S. u. B. übereckgetheilte Büffelhörner.
Decken: b. s.

Her(n)inghausen. (Taf. 2.)

Aus der Grafschaft Mark nach Lübeck eingewandert. 1520 war Carsten Berninghausen lübeckischer Rentmeister zu Mölbe. Erloschen um 1700.
Wappen: In G. 3 r. Schlägel.

Berk (Berek, Bercken). (Taf. 3.)

Stammend aus Berken (alias Rheinberg), früher Berk genannt), in Westphalen, siedelte sich diese adlige Familie in Lübeck an. 1444 ist Apolonius Berk dort bekannt, noch 1721 in Preussen blühend, verschieden von den v. Bercken in den Ostseeprovinzen. Auch in Dortrecht kamen sie vor. In Lübeck gehörten sie zur Cirkelgesellschaft.
Wappen: In G. eine fünfblättrige gr. Blume (Fünfblatt) überhöht von b. Monde.
Auf dem Helme der Mond zwischen offenem ‡‡ Fluge.
Decken: b. g. - gr. g.
1868 lebt in Lübeck ein Exekutor in den Bercken, der wohl aber nicht zu obiger Familie gehört.

Beseler. (Taf. 3.)

Aus Holland stammend; kamen 1570 nach Hamburg, wo sie noch (sowie als v. Baeseler in Schlesien) blühen.
Wappen: In G. ein von 4 r. aufgerichteten Löwen bewinkeltes r. Andreaskreuz.
Auf dem Helme ein rother Löwe wachsend.
Decken: r. g.
1867 in Hamburg vorkommend.

Bestenbostel (Bestenborstel). (Taf. 3.)

Hamburger adliges Patriziergeschlecht, welches zuerst 1520 in Hannover als Lüneburger Patriziergeschlecht vorkam und noch 1777 den Stammsitz Bestenborstel besass.
Wappen: In S. ein r. Anker ohne Schwammholz und Widerhaken.
Auf dem r. s.-bewulsteten Helme derselbe.
Decken: r. s.

Bethen.

1867 ein Schiffscapitain v. Bethen in Hamburg wohnhaft.

Bippen.

Angeblich aus Westphalen als Kaufleute im 16. saec. nach Curland gegangene, von dort nach Lübeck Anfang des 19. saec. gekommene Familie (?). 1868 lebt zu Lübeck ein Dr. med. v. Bippen.

Bock. (Taf. 3.)

Stammen aus Münster, von wo sie nach Lübeck überstedelten. Die Familie gehörte zur Lübecker Zirkelgesellschaft.
Wappen: In S. ein aufgerichteter ‡‡ Bock.
Aus dem Helme wächst ein ‡‡ Bock.
Decken: ‡‡ s.

Bockel.

1867 in Hamburg vorkommend.

Böhl v. Faber. (Taf. 3).

Reichs-Adelstand d. d. Wien 8. April 1806 für Johann Nicolaus Böhl, genannt Faber (Adoptivsohn eines Herrn von Faber).
Wappen: Getheilt von G. über B., oben ein schreitendes ‡‡ Lamm, ein r. Fähnlein mit der rechten Vorderpfote haltend, unten 3 (2. 1.) s. Lilien.
Auf dem Helme eine gekrönte gr. Schlange.
Decken: b. g.
(So nach dem Diploma); eine Familienzeichnung giebt das Lamm auf gr. Boden, die Fahne mit durchgehendem schmalen ‡‡ Kreuz; — v. Hefner (mecklenburgischer Adel) giebt: D. r. g. den Helm gekrönt und einen II. Helm darauf g. Adlersfuss, 1847 aus Mecklenburg nach Lübeck gekommen. 1868 ein Dr. beider Rechte Eduard Wilhelm Böhl r. Faber in Lübeck.

Böninghausen. (Taf. 3).

Geneal. Notiz und Wappen dieser Familie siehe beim preussischen Adel.
1867 ein Advocat Cäsar v. Böninghausen in Hamburg.

Bolton.

1867 wohnt in Düsseldorf bei Hamburg ein Herr Carl v. Bolton.

Borcholt. (Taf. 3.)

Hamburger adliges Patriziergeschlecht.
Wappen: In S., auf gr. Boden rechts eine r. Burg mit 2 Thürmen. Am Rande links ein gr. Baum, dessen Stamm ein aus den Burgmauern links wachsender ‡‡ Mann mit der Rechten fasst.
Auf dem Helm der Baum.
Decken: r. s.

Borries. (Taf. 3.)

Ursprung und Wappen siehe beim Schleswig-Holsteinischen Adel. In Lübeck ein Kaufmann Albrecht Julius Carl v. Borries 1868, (hier seit 1810 eingewandert). Ein anderer in Hamburg auch Kaufmann.

Borstel. (Taf. 3.)

Der Graf im Lande Kehdingen Moritz v. dem Borstel 1566 geadelt vom Erzbischof von Bremen.
Wappen: 3 r. Rosen (2. 1) in S. H.: Straussfedern s. r. s.
1867 mehrere dieses Namens in Hamburg.

Bossel.

1867 mehrere dieses Namens in Bremen.

Bostel. (Taf. 3.)

Sollen ursprünglich Teufel geheissen haben, waren ein Hamburger adliges Patriziergeschlecht, angeblich abstammend von dem 1566 durch den Erzbischof von Bremen, Herzog Georg von Braunschweig nobilit. Moritz von dem Borstel.
Wappen: In G., innerhalb je eines Kranzes von 8 gr. Kelchblättern, eine gefüllte r. Rose.
Auf dem r. g.-bewulsteten Helme eine dergl.
Decken: r. g.
1867 mehrere Kaufleute des Namens in Hamburg.

Both. (Taf. 3.)

Ursprung und Wappen siehe beim Mecklenburgischen Adel. 1867 wohnt ein Herr v. Both in Hamburg.

Brachel. (Taf. 3.)

Aus dem gleichnamigen westphälischen Orte nach Lübeck eingewanderte adlige Familie, die auch in Liefland und Schleswig vorkommt. Geneal. Notiz und Wappen siehe beim Schleswig-Holsteinischen Adel.

Brand.

Welcher der vielen Familien v. Brand und v. Brandt diejenigen angehören, welche 1867 in Hamburg vorkommen, ist schwer zu entscheiden.

Bramstede. (Taf. 4.)

Adliges Geschlecht aus dem Bremenschen, schon 1223 urkundlich in Hamburg; später nach Lübeck gekommen, zur dortigen Zirkelgesellschaft gehörig. Wappen: In G. auf gr. Boden schreitend ein s. Lamm. Auf dem g. s.-bewulsteten Helm ein g. Flügel. Decken: g. s.

Brechefeldt. (Taf. 4.)

Die Familie gehörte zur Lübecker Zirkelgesellschaft. Wappen: In S. ein b. Balken, belegt querrechtshin mit g. Garbe. Auf dem Helm 2 rechtsgebogene ‡‡ Gemshörner. Decken: b. g.

Brechewaldt. (Taf. 4.)

Die Familie gehörte zur Lübecker Zirkelgesellschaft. Wappen: In G. ein halber ‡‡ Bär, haltend in den Pranken ein gr. Kleeblatt. Auf dem Helme wächst derselbe zwischen g. Hirschgeweih. Decken: ‡‡ g.

Brelie, von der.

1867 mehrere des Namens in Bremen.

Bremen.

Wahrscheinlich aus der von v. d. Knesebeck als nicht adlig angegebenen gleichnamigen im Kehding'schen blühenden Familie stammen die v. Bremen, von denen 1867 mehrere in Bremen vorkommen.

Bremer. (Taf. 4).

Hamburger adliges Patriziergeschlecht, verschieden von den andern Familien gleichen Namens. Wappen: In S. ein gr. Ast quergelegt, aus dem oben 2 unten 1 gr. Kleeblatt wächst. Helm: 2 s. Strausssfedern. Decken: gr. s.

Bressendorf (Breslauer von Bressendorf.)

Geneal. Notiz und Wappen siehe beim Baierischen Adel. 1867 in Wandsbeck eine Frau v. Bressendorf lebend.

Brocke (vam Brocke.) (Taf. 4.)

Hamburger adliges Patriziergeschlecht. Dort schon 1545 blühend, und in Preussen noch jetzt blühend. Wappen: In G., auf gr. Hügel nebeneinander 3 oben abgeschnittene nach links höher werdende ‡‡, rechts zwei, links einmal geknorrte Stämme. Auf dem ‡‡ g.-bewulsteten Helme ein dergleichen. Decken: ‡‡ g.

Brocken. (Taf. 4.)

Alte Lübecksche aus Holland stammende Familie, früher wohl »van«. In Mecklenburg sind sie als adlig recipirt.

Wappen: Gespalten von B. und S., vorn eine s. Lilie, hinten schrägrechtsgestellt ein gr. Eichenszweig, oben mit 3 gr. Blättern (eins an der Spitze) unten 2 s. Eicheln (die Näpfe grün). Auf dem Schilde ein gekrönter Helm mit b. s. Decken ohne Kleinod. 1868 in Lübeck ein Senator v. Brocken, in Hamburg 3 Herren dieses Namens.

Brockes (Brokes.) (Taf. 4.)

Lübecker Patrizier, seit Mitte des 16. saec. daselbst mit Johann Brockes eingewandert. Den Reichsadelstand erhielt übrigens erst Christian Brockes d. d. 1772.

Wappen: Zweimal getheilt G. R. B oben 3 gr. wachsende Blätter, mitten 2 schwimmende Gänse, unten gewellt. Auf dem Helme 2 gr. Blätter. Decken: r. s. Var.: gev. I. und IV.: in R. eine auf s. Wasser schwimmende s. Gans II. und III.: in S. 3 gr. Aehren nebeneinander. Decken: r. s.

Auf dem Helme die Gans zwischen 2 Aehren. Decken: r. s.

Eine andere Linie hatte schon d. d. Wien 2.Sept. 1753 in Person des Barthold Heinrich Kur-Köln. Regierungsrathes und Erich Niclas' grossfürstlich russischen und Schleswig-Holsteinischen Justizraths und Secretairs beim Regierungs-Conseil zu Kiel den Reichsadelstand mit Prädikat »von« und folgendem verm. Wappen erhalten: Getheilt und 2 mal gespalten (6 Felder). II.: in S. auf gr. Boden nebeneinander wachsend 3 gr. zweiblättrige Aehren. I. und VI.: in S., überhöht von achtstrahligem r. Stern. 3 (2.1.) aufgerichtete ‡‡ Wecken. III. und IV.: in S. 3 r. Schräglinksbalken. V.: in R. 2 nach rechts hintereinander auf s. Wasser schwimmende g.-gewäffte s. Schwäne. Auf dem Schilde ein gekrönter Helm mit r. s.-‡‡ s. Decke, ohne Kleinod.

Brömbsen. (Taf. 4.)

Lübecker Patrizier, früher »von der Netze« genannt, 1281 nach Lüneburg, dann nach Lübeck gekommen und zur Zirkelgesellschaft gehörig. — d. d. 12. Juni. 1532 erhielten die Gebrüder und Vetter v. Brömbsen eine kaiserliche Adelsbestätigung, n. der Bürgermeister Nicolaus v. Brömbsen später den Ritterstand und den Adler in dem Schild.

Wappen: 2 mal getheilt. gr. g. r., das Ganze überdeckt durch ‡‡ Doppeladler. Auf dem gekröuten Helme 2 Büffelhörner. r. g. gr.-gr. g. r. getheilt vor offenem ‡‡ Fluge. Decken: r. g.-g. r. g.

Broock.

Vielleicht zu den Herrn v. Brocke gehörig? 1867 ein v. Broock in Ritzebüttel bei Hamburg.

von der Brügge. (Taf. 4.)

Verschieden von denen von der Brüggen. Die Familie gehörte zur Lübecker Zirkelgesellschaft. Wappen: In G. eine aufgerichtete b. Leiter von 4 Sprossen. Auf dem b. g.-bewulsteten Helme 3 s. Tulpen an gr. Blätterstielen. Decken: b. g.

Bruhns.

Lübecker Patrizier.

Bruskow. (Taf. 4.)

Die Familie gehörte zur Lübecker Zirkelgesellschaft.
W a p p e n : In G. ein r.-gezäumter, ‡‡ Pferderumpf.
Derselbe auf dem Helme.
D e c k e n : ‡‡ g.

Büren. (Taf. 5.)

Adlige Westphälische, aus dem gleichnamigen Ort
in Westphalen nach Lübeck eingewanderte Familie,
(auch in Unna vorkommend).
W a p p e n : 3 Mohrenköpfe.
1867 ein Fabrikant v. Büren in Hemelingen bei
Bremen.

Burg, von der.

Vielleicht desselben Geschlechts wie die in Preussen.
(Genealogische Notiz und Wappen s. beim preussischen Adel).
1867 ein v. d. Burg in Hamburg.

Busch. (Taf. 5.)

Von oder von dem, vielleicht zu der alten Ham-
burger Patricier-Familie »ut dem Busch« gehörig.
Dieselbe führte: In B. am linken Rande ein gr.
Busch auf gr. Boden; aus dem Busch geht ein nackter
Rechtarm hervor, eine s. Schleife haltend. Aus dem
gr. Boden wächst eine r. Rose.
H e l m : b.-s. bewulstet; der Arm wachsend.
D e c k e n : b -s.

Calben (Calven - Kalben). (Taf. 5.)

Ukermärkischer Uradel, kamen später auch nach
Lübeck, dort zur Zirkelgesellschaft gehörig.
W a p p e n : In R. 3 s. Sterne (2, 1).
Auf dem Helme ein s. Stern zwischen 2 g. (bes-
ser r.) Büffelhörnern.
D e c k e n : r. s.

Cammer, von der.

1867 in Hamburg vorkommende Familie, welche
wohl v a n d e r Cammer heisst, also nicht zum Adel
zu rechnen wäre.

Cassel.

1867 in Hamburg vorkommende Familie; soll vielleicht »von Cossel« heissen, über welche letztere Familie man beim Schleswig - Holsteinischen Adel Nähe-
res findet.

Carstel.

1867 in Hamburg vorkommende Familie unbekannten Ursprungs, fraglich, ob adlig.

Castel.

1867 in Hamburg vorkommend, vielleicht identisch mit der bei Ledebur. I. 137 angeführten Familie
v. Castell?

Cölln (Cöllen). (Taf. 5.)

Genealogische Notiz und Wappen s. beim preussischen, mecklenburgischen und hessischen Adel.
1867 viele Kaufleute dieses Namens in Hamburg
und Bremen.

Covern.

1867 in Bremen vorkommende Familie, wohl v a n
Covern, also nicht adlig.

Crispin. (Taf. 5.)

Die Familie gehörte zur Lübecker Zirkelgesellschaft.
W a p p e n : In B. ein s. Adler mit g. Kleestängeln
in den Flügeln.

Bd. III. Abth. 3.

Helm : 2 g. Büffelhörner.
D e c k e n : b. s.
Die Familie ist wohl identisch mit dem Erbsälzer
Geschlecht v. Crispen zu Werl, denen d. d. 15. April
1708 der Adel anerkannt wurde?

Croix, de la. (Taf. 5.)

Wahrscheinlich aus derselben französischen Familie, aus welcher Mitglieder in preussischen Diensten stehen, sind die 1867 in Hamburg vorkommenden de la Croix.
(Genealogische Notiz und Wappen s. beim preussischen Adel).

Dudelssen. (Taf. 5.)

Aus dieser Familie, die auch in Stade blüht und
als Wappen im Schilde und auf dem Helme eine den
Zeigefinger hochstreckende, abgeschnittene, aufgerichtete, die Handfläche zeigende rechte Hand führt und
die v. d. Knesebeck als nicht adlig bezeichnet, lebt
1867 ein Kaufmann in Hamburg.

Dahmen. (Taf. 5.)

Die Familie gehörte zur Lübecker Zirkelgesellschaft, ist aber erloschen.
W a p p e n : In G. 2 geschrägte ‡‡ Morgensterne,
dieselben auf dem Helme.
D e c k e n : ‡‡ g.

Damm.

1867 mehrere in Hamburg dieses Namens, fraglich ob zu der niedersächsischen Familie v. d. Damm
(Windhund) gehörig.

Darteln.

1867 mehrere dieses Namens in Bremen.
Die Familie soll wohl van Darteln heissen, würde
also nicht adlig sein.

Dartzow (Darsow). (Taf. 5.)

Mecklenburger Uradel, bereits 1369 mit Lambert
v. Dartzow bekannt. Die Familie gehörte auch zur
Lübecker Zirkelgesellschaft, ist aber erloschen.
W a p p e n : In G. ein von ‡‡ und S. in 2 Reihen
nach der Theilung geschachtes Andreaskreuz, begleitet
im obern Winkel von einem aus demselben wachsenden ‡‡ Mohrenrumpf, mit links abfliegender, r., gr.-ge-
wundener Kopfbinde u. r. Kleide, belegt mit von ‡‡
und s. in 2 Reihen geschachtem Pfahl.
Auf dem Helme derselbe Rumpf.
D e c k e n : ‡‡ g. - ‡‡ s.

Dau.

Dänischer Offizier-Personal-Adel (vergl. Schleswig-
Holsteinischer Adel, sub IV.)
1867 ein Oberst v. Dau in Hamburg lebend.

Deging(k). (Taf. 5.)

Reichs - Adel nebst anderen Rechten d. d. Wien
14. Juli 1654 für Herrmann Deging, Bürgermeister zu
Dortmund. Derselbe war 1669 im Rath zu Lübeck.
W a p p e n : (in B. 2 geschrägte, g.-begriffte eisen-
farbene Hellparten.
Auf dem gekrönten Helme dieselben zwischen of-
fenem b. Fluge.
D e c k e n : b. s.

Dettmering.

Mehrere dieses Namens 1867 in Hamburg. — Es
ist unbekannt, ob dieselben vielleicht Nachkommen

2

eines Dänischen Offiziers sind. Letztere führen nur den Personaladel ohne Vererbung!

Deuten.

1867 in Hamburg, wahrscheinlich van Deuten geschriebene, also nicht adlige Familie.

Deyn.

Eine von v. d. Knesebeck als nichtadlig bezeichnete, auch im Bremischen vorkommende Familie, aus welcher mehrere Mitglieder 1867 in Hamburg leben.

Dickenhausen. (Taf. 5.)

Die Familie gehörte zur Lübecker Zirkelgesellschaft, ist aber wohl erloschen.

Wappen: Aus g. Schildesfuss wachsend in S. ein r. Löwe.

Auf dem Helme vorwärtsgekehrt ein r. Löwenrumpf zwischen offenem r. Fluge.

Decken: r. g.

Dincklage. (Taf. 5.)

Adelige, aus dem gleichnamigen westfälischen Ort nach Lübeck, überhaupt nach Niedersachsen eingewanderte Familie. Georg v. Dincklage 1578—1607 Thumherr zu Lübeck.

Genealogische Notiz und Wappen s. beim hannöverschen Adel.

Döhren (Dören).

Wahrscheinlich zu dem von v. d. Knesebeck als nicht adlig verzeichneten Hildesheim'schen Vasallengeschlecht v. Dörrien gehörig sind die von Döhren (Dören), welche 1867 in Hamburg leben, allerdings kommt schon 1704 Matthias von Döhren als mit Prädikat »von« in Hamburg vor. W.?

Dommer, genannt Domarus. (Taf. 6.)

Ostpreussische Familie.

Wappen: In B. ein die Hörner aufwärtskehrender nach links gesichteter g. Mond, überhöht von 2, je über einer seiner Spitzen stehenden, g. Sternen balkenweis.

Aus dem gekr. B. wächst ein r.-gewäffter g. Hirsch.

Decken: b. g.

A. v. Dommer, genannt Domarus 1867 in Hamburg lebend.

Donop. (Taf. 6.)

Westfälischer Uradel, auch Freiherrn.

Genealogische Notiz und Wappen s. beim würtembergischen, sächsischen und preussischen Adel (Freiherren).

1867 ein Kaufmann v. Donop in Bremen.

Dorne. (Taf. 6.)

Lübecker Patrizier. Die Familie gehörte zur Lübecker Zirkelgesellschaft und blüht auch in Mecklenburg und Pommern.

Wappen: In B. ein g. Sparren, begleitet rechts oben von g. Monde, unten von s. Taube auf gr. Boden, links oben von g. Stern.

Auf dem Helme wachsen 3 r. Rosen an gr. Blätterstielen.

Decken: b. g.

Var. (so in Lübeck): Mond und Stern fehlt, Vogel g. auf querliegenden g. Stamme.

Helm derselbe.

Die Familie kam 1743 von Lübeck nach Mecklenburg.

Dorrien. (Taf. 6.)

Ursprung und Wappen s. beim Schleswig-Holstein-

ischen Adel. 1867 lebt ein Lieutenant v. Dorrien in Hamburg.

Drateln (cfr. Dartein).

1867 in Hamburg vorkommende Familie wohl van Drateln, also nicht adlig.

Drathen.

1867 in Hamburg vorkommende Familie, welche auch in Schleswig-Holstein erscheint, wohl aber ebenso wie die Drahten und Dratein: van Drathen heisst und nicht adlig ist.

Drusyna, de. (Taf. 6.)

Hamburger adliges Patriziergeschlecht.

Wappen: In B. ein s. Schrägrechtsstrom.

Auf dem b. s.-bewulsteten Helme wächst ein doppelschweifiger s. Löwe zwischen 2, je aussen mit 3 gr. Kleeblättern besetzten Oelzweigen.

Decken: b. s.

Duhn. (Taf. 6.)

Zweifelhafter Adel, in Lübeck 1715 zuerst als Brauereibesitzer vorkommend. Ein Advokat v. Duhn in Lübeck führt folgendes Wappen:

In G. 3 (2. 1.) ‡‡ Kesselhaken.

Auf dem Helme einen dergleichen zwischen 2 g. Büffelhörnern.

Decken: ‡‡ g.

In Hamburg lebt ein Lehrer v. Duhn 1868.

Duisburg. (Taf. 6.)

Altes ostpreussisches Geschlecht aus dem Mitglieder in preussischen Diensten gestanden.

Wappen: getheilt und halbgespalten von B. S. und G. Oben nebeneinander 2 s. Würfel auf der Spitze stehend, unten vorn ein schräg rechts fliegender ‡‡ Adler, hinten eine r. Burg mit 3 Thürmen, deren äussere beiden r.-bedacht, der mittlere gezinnt und mit rother Fahne, worin die 2 s. Würfel, besteckt ist.

Auf dem b. s.-bewulsteten Helme der Mittelthurm zwischen 2 b. s.-s. ‡‡ getheilten Büffelhörnern.

Decken: b. s.- ‡‡. g.

1867 ein Capitain v. Duisburg lebend in Hamburg.

Düllmen (Düllmen). (Taf. 6.)

Adlige, aus dem gleichnamigen westphälischen Ort, nach Lübeck eingewanderte Familie, die auch zu den Hamburger Patriziergeschlechtern gehörte. (Dort war Simon v. Düllmen 1560 im Rath.) 1359 starb in Lübeck Hermann v. Düllmen, 1420 Johann v. Düllmen Bischof daselbst.

Wappen: In B., mit breiter g. Bordur, ein, mit 3 achtstrahligen g. Sternen belegter ‡‡ überdeckender Balken.

Auf dem ‡‡ s.-bewulstetem Helme ein dergleichen Stern zwischen 2 s. g. ‡‡.- ‡‡. g. s. getheilten Büffelhörnern.

Decken: ‡‡. s.

Die Familie ist verschieden von der Cölnischen Familie v. Dulman, sowie dem Münster'schen Geschlecht v. Dülmen.

Düring. (Taf. 6.)

Altadliges Geschlecht auch freiherrlich.

Genealogische Notiz und Wappen s. beim hessischen, hannöverischen etc. Adel.

Kommen 1867 in Hamburg und Bremen vor.

Duten. (Taf. 6.)

Hamburger adliges Patriziergeschlecht, jetzt daselbst erloschen.

Wappen: In S., beseitet von 2 g. Sternen ein aufgerichteter b. Anker, gehalten am Ringe von einer aus b. Wolken am oberen Schildesrande hervorgehenden g.-bekleideten Hand.
Auf dem r. s.-bewulsteten Helme ein achtstrahliger g. Stern zwischen 2 Straussfedern s.-r.
Decken: b. s.

Ebeling. (Taf. 6.)

Die Familie gehörte zur Lübecker Zirkelgesellschaft.
Wappen: In B. ein g. Balken.
Auf dem Helme 2 Büffelhörner b.-g.
Decken: b. g.

Eelking. (Taf. 7.)

Aus dem bekannten hannöver'schen Geschlecht, welches Ende des 18. saec. den Reichsadelstand erhalten hat, wandten sich Mitglieder nach Bremen und Sachsen.
Wappenbeschreibung: s. beim sächs. Adel.
1867 lebt Joh. D. v. Eelking Dr. med. in Bremen.

Ehrenstein. (Taf. 7.)

Reichsadel d. d. . . . . 1703, unter obigen Namen, für Christian Stüdemann auf Rosenow.
Wappen: In B. ein vorwärtsgekehrter laubbeschürzter und bekränzter wilder Mann, sich rechts auf eine s. Keule stützend.
Auf dem gekrönten Helme wächst derselbe mit der Keule über der rechten Schulter.
Decken: b. s.
1867 wohnt eine Frau v. Ehrenstein in Pöseldorf bei Hamburg; früher auch in Mecklenburg begütert.

Eltzen.

Zwei verschiedene Hamburger adlige, dort schon im 14. saec. vorkommende Patriziergeschlechter.
Wappen I.: In B. ein aufgerichteter Triangel durch 2 Schräglinien abgetheilt in eine Raute und (unten) 2 Dreiecke, Raute und Dreiecke von s. und ‡‡ gespalten.
Auf dem gekrönten Helme die s. ‡‡.-gespaltene Raute zwischen 2 von s. und B. übereckgetheilten Büffelhörnern.
Decken: b. s.
Wappen II.: die Figur schräglinks gestellt.
Auf dem Helme ein wachsender s. Bär.
Decken: b. s.
1867 mehrere dieses Namens in Hamburg.

Elling.

Schwerlich wohl einer der alten Familien dieses Namens angehörig, sind die v. Elling, welche 1869 in Hamburg vorkommend erscheinen.

Elm.

Aus derselben Familie stammend, welche im Bremenschen blüht und von v. d. Knesebeck als nicht adlig bezeichnet wird, leben 1869 mehrere dieses Namens in Hamburg.

Emersen (van.) (Taf. 7.)

Hamburger adliges Patriziergeschlecht, welches wohl nicht mehr blüht.
Wappen: Gespaltener s. Schild, vorn 2 ‡‡ Balken, hinten ein einwärts gekehrter ‡‡ Adlerflügel unten mit ‡‡ Klaue.
Auf dem ‡‡ s.-bewulsteten Helme ein offener s.-‡‡ Flug.
Decken: ‡‡ s.

Essen (auch Essende). (Taf. 7.)

Adlige aus der Stadt Essen nach Lübeck eingewanderte Familie, welche auch in Hamburg, Kiel, Altona und Bölkau (Hannover; sowie in Esens 1867 vorkommt.
Fahne (die Westphalen in Lübeck) giebt an, dass sie adlig seien, v. d. Knesebeck (Taschenbuch des Hannöverischen Adels) verneint letzteren Umstand, wenigstens für die v. Essen in Esens. In Lübeck lebte 1834 Heinrich v. Essende. Indess ist es doch wohl möglich, dass die Familie adlig ist und gehört sie dann höchstwahrscheinlich zu der Familie v. Essen, welche auch in den Ostseeprovinzen blühte.
Wappen: In G. ein mit 3 g. Wecken hintereinander belegter ‡‡ Schrägrechtsbalken.
Auf dem ‡‡. g.-bewulsteten Helme 2 Büffelhörner g. - ‡‡.
Decken: ‡‡. g.
In Hamburg Johann Heinrich v. Essende noch 1795.

Estorff.

Sehr fraglich, ob der braunschweigischen oder der (†) bremischen Familie von Estorff angehören, leben 1867 in Hamburg mehrere dieses Namens.

Evers. (Taf. 7.)

Altes Lübecker Patriziergeschlecht, der Zirkelgesellschaft angehörig. d. d. Wien 12. Sept. 1801 erhielt der Protonotar Nicolaus Heinrich Evers zu Lübeck den Reichsadelstand.
Wappen: In S. aus gr. Busch (eigentlich nur ein grosser Baum) am hinteren Schildesrande hervorbrechend (springend), über gr. Boden, ein ‡‡ Eber, bis zum hinteren Drittel sichtbar.
Auf dem gekrönten Helme ein ‡‡ Eber wachsend (Alias ‡‡ Eberkopf).
Decken: ‡‡ s.

Evinckhausen (Ewinghaus). (Taf. 7.)

Nach Lübeck übersiedelte westphälische Adelsfamilie, bereits 1411 in Lübeck bekannt. Die Familie gehörte zur Lübecker Zirkelgesellschaft.
Wappen: Gespalten, vorn in B. ein einwärtsgekehrter g. Flügel, hinten von G. u. B. fünfmal gespalten.
Auf dem Helme ein von G. und B., ausgehend von den rechtsgekehrten Sachsen, 8 mal durchgehend geständerter Flügel.
Decken: b. g.

Fahse.

Ungewiss ob adlig; kommen unter den Hamburger Kaufleuten 1869 vor.

von der Fecht(e). (Taf 7.)

Hamburger adliges, dort schon im 14. saec. blühendes Patriziergeschlecht, aus dem noch 1868 ein v. d. Fecht Realschullehrer in Lübbenau ist; stammen nach Fahne aus Westphalen (Gegend der Vechte) und wanderten nach Lübeck aus.
Wappen: In S. auf gr. Boden ein gr. Baum, gegen den auf jeder Seite ein ‡‡ Bock anspringt.
Aus dem gr. s. bewulsteten Helme wächst ein schwarzer Bock.
Decken: ‡‡. s.
NB. Nach v. d. Knesebeck ist die Familie, wenigstens die in Hannover vorkommende Linie van der Fecht nicht adlig. Auch in Marne (Holstein) kommen sie vor.

Feldmann.

Wahrscheinlich die Wittwe eines dänischen Offiziers, der als solcher den Personaladel genoss, lebt eine verwittw. Hauptmann v. Feldmann in Hamburg.

Finck. (Taf. 7.)

Verschieden von den vielen andern Familien von Finck und von Fink. Die Familie gehörte zur Lüneker Zirkelgesellschaft.

Wappen: In R. 3 (2. 1.) g. Finken. Auf dem r. g. bewulsteten Helme ein g. Finkenrumpf.

Decken: r. g.

Finstel, Fintel und Finthel

kommen in Hamburg vor, wohl kein Adel.

Fischer.

Welcher der vielen Familien v. Fischer mit und ohne Beinamen, die in Bremen 1869 vorkommenden Kaufleute dieses Namens angehören, ist nicht zu sagen. Vgl. Fischer - Benzon beim Schleswig - Holsteinischen Adel.

Foris. (Taf. 7.)

Genealogische Notiz und Wappenbeschreibung s. beim preussischen Adel.

Wappen: Schrägrechtsgetheilt von S. über R., oben ein die Sachsen rechtskehrender aufgerichteter ‡‡ Flügel.

Auf dem gekrönten Helme derselbe.

Decken: r. s.

1869 ein Capitain v. Foris in Bremen.

Freuden.

Mehrere dieses Namens 1869 in Ritzebüttel. Fraglich ob von der Oldenburgischen Familie von Freeden abstammend. Wahrscheinlicher heissen sie van Freuden und sind nicht adlig.

Frieling.

In Hamburg 1867 vorkommende Familie sehr zweifelhaften Adels.

Garlem.

In Ritzebüttel 1869.

Garlop(en) (Garlepen). (Taf. 8.)

Lüneburger Patrizier, welche nach Lübeck kamen und zur dortigen Zirkelgesellschaft gehörten, aber längst erloschen sind.

Wappen: In R. ein g.-behalsbandeter s. Windhundrumpf.

Auf dem Helme derselbe, auf dem Kopfe besteckt mit 4 s. Tulpen an gr. Blätterstielen.

Decken: r. s.

Gerber. (Taf. 8.)

Verschieden von dem schlesischen 1790, und dem böhmischen 1818 geadelten gleichnamigen Geschlechte. Die Familie gehörte zur Lübecker Zirkelgesellschaft.

Wappen: In G. vorwärtsgekehrt wachsend ein Jüngling in langem s. gestülpten grünem Rock, mit beiden Händen einen rothen Apfel auf seinem Haupte festhaltend.

Auf dem Helme dieselbe Figur.

Decken: gr. g.

Gerdes. (Taf. 8.)

Patrizier in Lübeck und Bremen.

Wappen: Von G. über S. durch b. Balken getheilt, oben balkenweis 3 gr. Kleeblätter aufgerichtet, unten 3 (2. 1.) r. Herzen.

Kleinod fehlt.

Gericke.

Die Familie kommt in Aachen 1868 vor, desgleichen in Hamburg 1869. Ursprung unbekannt.

Gererdes. (Taf. 3.)

Verschieden von den v. Gerdes im Bremischen. Die Familie gehörte zur Lübecker Zirkelgesellschaft.

Wappen: In G. auf gr. Boden ein gr. Baum, vor dem ein g.-behalsbandeter s. Windhund läuft.

Auf dem Helme springt derselbe zwischen 2 gr. Bäumen hindurch.

Decken: gr. g.

Gheldersen. (Taf. 8.)

Hamburger adliges Patriziergeschlecht.

Wappen: In B. ein s. Balken, darin nebeneinander 3 gr. Hügel.

Auf dem Helme 2 von Gr. u. B. übereck getheilte Büffelhörner.

Decken: gr. b.

Glahn (Glan, Glaan).

Wahrscheinlich aus der in Ostfriesland vorkommenden auch als v. Glaan in Leer Familie von Glan, die nach v. d. Knesebeck nicht adlig ist, stammen die 1869 in Cuxhafen vorkommenden v. Glahn.

Gogh.

Ein Musiklehrer dieses Namens 1869 in Hamburg.

Graban.

Ein v. Graban ist 1867 lübeckscher Generalkonsul in Livorno; auch in Hamburg kommt der Name vor. Der Vater des Consuls erhielt angeblich den österreichischen Erbadel. W.?

Graefe. Taf. 8.)

Genealogische Notiz und Wappen s. beim preussischen Adel. In Pöseldorf bei Hamburg lebte 1869 der Bruder des † berühmten Augenarztes Dr. v. Graefe in Berlin.

Graffen. (Taf. 8.)

Joh. v. Graffen aus Oesterreich stammend wurde herzogl. Mecklenburgischer Rath und erhielt 1662 eine kaiserliche Adels - Renovation. Dessen Nachkomme Friedrich kam nach Hamburg und wurde dort 1801 Bürgermeister (bis 1820).

Wappen: In G. auf gr. Boden ein wachsender natürlicher Palmbaum rechts davon ein von seinem Fusse weg nach rechts laufender natürlicher Hirsch.

Auf dem gekrönten Helme der Baum zwischen g. ‡‡ übereckgetheiltem Fluge.

Decken: ‡‡ g.

Grawert. (Taf. 8.)

Lübecker Patriziergeschlecht, welches zur dortigen Zirkelgesellschaft gehörte, und von da nach Preussen kam, wo es noch blüht.

Wappen: In R. ein aufgerichteter gr. Eichenstamm, abgehauen, beiderseits mit einem g. Blatt überhöht von 2 balkenweis gestellten g. Rosen.

Auf dem Helme die Stamm.

Decken: r. g.

Var.: Stamm als r. Lindenstamm, überhöht von 2 g.-besamten r. Rosen in G.

Helm derselbe.

Decken: r. g.

(Aus einem Hamburger Stammbaum).

Gröning. (Taf. 8.)

2 Diplome: 1) Ritterm. Reichsadelstand d. d. Wien 25. Jan. 1772 für Anton Christoph Gröning, Assessor beim Tribunal zu Wismar. 2) Reichsadelstand d. d. Wien 22. Aug. 1795 für Georg Gröning, Rath der Stadt Bremen.

Das Wappen (Diplom 1772) ist gespalten, vorn in S. 5 (2. 1. 2.) r. Rosen hinten in G. ein ‡‡ Adler.

Auf dem gekrönten Helme 3 s. Straussfedern, die mittlere an der Kuppe mit r. Rose belegt.
D e c k e n : r. s. - ⚏ g.
Das W a p p e n (Diplom 1795) hat nur einen s. Schild mit 5 r. Rosen (2. 1. 2.).
Auf dem gekrönten Helme zwischen offenem s. Fluge eine r. Rose.
D e c k e n : r. s.
1869 lebt in Bremen eine verwittwete v. Gröning.

Grossheim. (Taf. 8.)

Angeblich aus Hannover stammend. 1861 wohnte zu Lauterberg am Harze Hans Caspar v. Grossheim. Heinrich v. Grossheim war seit 1813 Lieutenant im Königl. preussischen 31. Regiment, er stammte aus Hannover und trat später in russische Dienste. Dessen Neffe ist zur Zeit Pastor zu Schlutup bei Lübeck. Ein anderer v. Grossheim Lehrer in Lübeck.
W a p p e n : Halbgespalten und getheilt von B. Gr. und R. Oben vorn eine abgeschnittene s. Faust (aufgerichtet), hinten schrägrechts gestellt ein g. - begrifftes s. Schwert, unten ein laufender g. Löwe.
Auf dem Helme 3 Straussfedern: b., gr, r.
D e c k e n : b. s. - r. g.

Grofe.

Ein Dr. phil. 1869 in Hamburg.

Grzeskewitz. (Taf. 9.)

Polnischer Adel.
W a p p e n : Junossa.
Zwei Herren v. Grzeskewitz 1869 in Hamburg

Gundlach. (Taf. 9.)

Genealogische Notiz und Wappen s. beim mecklenburgischen Adel.
1869 ein Hauptmann a. D. v. Gundlach in Hamburg.

Hacht (auch Hachten).

In Lübeck leben zwei, in Hamburg viele Personen dieses Namens; auch in Bremen. — Es ist nicht unmöglich, dass vorstehende Personen aus der Familie v. Hachende abstammen, welche von dem gleichnamigen westfälischen Orte nach Lübeck ausgewandert ist.

Hafe.

In Hamburg vorkommend. 1867. Wahrscheinlich ursprünglich v a n Hafe, also nicht adlig.

Hagen

Ungewiss, ob der mecklenburgischen Familie (W a p p e n : In G. ein ⚏ Bärenrumpf. Auf dem Helm derselbe, besteckt oben mit 3 Pfauenfedern. D e c k e n : ⚏ g.) oder der hannöver'schen (W a p p e n : Im s. Schilde und auf dem Helme ein oben 7 mal r. - brennender, quergelegter, r. Baumstamm. D e c k e n : r. s.) angehörig. In Bremen und Vegesack vorkommend. Vielleicht auch aus der aus Lippstadt in Westphalen nach Lübeck ausgewanderten Familie von Hagen stammend.

Halem. (Taf. 9.)

Oldenburgische Beamten - Familie eigentlich v a n Halem. (Erst d. d. 27. Juni 1792 erhielt die Familie den Reichsadel.)
Das S t a m m w a p p e n ist in B. ein g. Sparren, oben von 2 g. - besaamten s. Rosen, unten von einem g. - gewäfften s. Vogel begleitet.
Auf dem Helme 2 b Straussfedern.
D e c k e n : b. g.
Das 1792 verliehene Wappen ist geviertet mit geBd. III. Ath. 3.

krönten Herzschild. (Stammwappen) I. und IV.: in R. zwei s. - geharnischte gebogene Arme aus s. Wolken hervorgehend, sich die Hand reichend. II. und III. in ⚏ auf s. Boden ein g. - gew. s. Kranich einwärts gekehrt, mit Stein in der erhobenen Kralle.
Auf dem Helme zwischen den Straussfedern der Kranich auf gr. Hügel.
D e c k e n : b. g. - r. s.
1869 ein Buchhändler v. Halem in Bremen.

von Halle. (Taf. 9.)

(Genealogische Notiz und Wappen s. beim Schleswig-Holsteinischen Adel.)
Viele Kaufleute dieses Namens in Hamburg 1869.

Hamberger. (Taf. 9.)

Genealogische Notiz und Wappen s. beim Preussischen Adel.
Ein Kaufmann v. Hamberger 1869 in Hamburg.

Hamm.

Vielleicht aus dem Münster'schen Patriziergeschlecht ?! (s. preussischer Adel) oder aus dem adeligen westphälischen, aus Hamm nach Lübeck ausgewanderten Geschlecht von Hamme. Kommen in Bremen 1869 vor.

Hane.

In Borgfelde bei Hamburg mehrere dieses Namens. Es ist nicht unmöglich, dass diese von Hanne der aus der Grafschaft Mark stammenden (on dit †. Familie von Hane angehören (?).
W a p p e n : In B. ein s. Hahn.

Hanffstengel. (Taf. 9.)

Sächsischer Uradel (genealogische Notiz und Wappen s. ebendort.)
1869 ein Pastor v. Hanffstengel in Bremen.

Hanno (e.)

aus Westphalen stammend, lebt ein Ingenieur v. Hanno 1869 in Hamburg.

von Hausen.

Wahrscheinlich dänischer Offizier - Personaladel; ein Major a. D. von Hausen in Hamburg 1869.

Hanses.

Hamburger adlige Patrizierfamilie.
W a p p e n : In S. ein gr. Aststück quergelegt, aus dem unten eine Traube und an aufwärts gebogenem gr. Stengel ein gr. Blatt wächst.
Dasselbe Bild auf dem Helme.
D e c k e n : gr. s.
Der Adel datirt vom Jahre 1690, für Henning Detlev Hanses, k. Reichshof - und Kammerrath zu Rom.

Harchten.

Vielleicht von Hachten (?), wohl nicht adelig. in Bremen vorkommend.

de Harde. (Taf. 9.)

Westphälisches Geschlecht.
W a p p e n : In B. 3 g Ringe. Kleinod ?
Ein Dr. jur. de Harde 1869 in Bremen.

Harlessem. (Taf. 9.)

(Genealogische Notiz und Wappen s. beim braunschweigischen Adel.)
In Bremen und Hamburg 1869 Kaufleute dieses Namens.

3

Harten.

In Bremen 1869 vorkommend, vielleicht abstammend von der dänischen Familie v. Hatten (?).

Hasseln.

Im Braunschweigischen 1869.
Der Ursprung dieser Familie ist unbekannt, vielleicht nicht von Adel.

Hauen, Have,

vielleicht identisch; kommen in Hamburg 1869 vor.

Heemstra, Barone. (Taf. 9.)

Altfriesische Familie.
Das alte Stammwappen war: ein r. Löwe im s. Schilde. —
Das jetzige Wappen ist ganz anders, nämlich: in B. ein g. Doppeladler.
Auf dem gekrönten Helme derselbe.
Decken: b. g.
Schildhalter: 2 widersehende gekrönte r.-gezungte g. Adler.
1869 ein Baron v. Heemstra in Bremen.

von der Heide, von der Heyde. (Taf. 9.)

1869 in Hamburg und Bremen mehrere Kaufleute dieses Namens. Dieselben sollen wie auch die übrigen in Niedersachsen und Mitteldeutschland vorkommenden Kaufleute dieses Namens von der alten schlesischen Familie dieses Namens abstammen.
Wappen: In S. linksgekehrt ein widersehender r. Löwe.
Auf dem Helme ein hoher hermelingestülpter s. Spitzhut, dessen Kopf von r. s. gewundener Schnur schräg s. umgeben und der oben mit 4 s. r. r.-s. Straussfedern besteckt ist.
Decken: r. s.

Heintze-Weissenrode, Freiherren. (Taf. 10.)

Genealogische Notiz und Wappen s. beim Schleswig-Holsteinischen Adel.
Einer dieses Namens hat eine Besitzung auf Lübeck'schem Gebiete.

Helms.

1869 mehrere v. Helms in Hamburg; wo sie herstammen und ob sie adlig sind, ist diesseits unbekannt.

Hemme.

1869 ein Capitain v. Hemme in Hamburg.

Hennings.

Genealogische Notiz und Wappen s. beim Braunschweigischen Adel.
1869 ein Major a. D. Gasanstaltsdirektor in Hamburg v. Hennings.

Hertz. (Taf. 10.)

Die Familie gehört zur Lübecker Zirkelgesellschaft.
Wappen: Getheilt von G. über B. oben wachsend ein r. Hirsch, unten 3 (2. 1.) gr. Herzen.
Auf dem Helme ein g. Hirschgeweih mit Knollen.
Decken: r. g. gr. g.

von der Heyde,

aus Holland, früher van der Heyde, also nicht adlig.
In Lübeck vorkommend, vgl. oben von der Heide.

Heydemarck.

Ein Kaufmann dieses Namens 1869 in Hamburg. Ursprung? Wappen?

Heymann.

Ed. v. Heymann Kaufmann in Bremen, Consul der Schweiz 1869. — Derselbe stammt vermuthlich aus dem französischen Geschlechte dieses Namens, aus dem 1801 der aus französischen in preussische Dienste getretene Major v. Heymann starb.
Wappen: In S. (irrig B.) 10 (3. 3. 3. 1.) ‡ Andreaskreuzchen.
Auf dem Helme die Edelkrone.

Hildebrandt. (Taf. 10.)

Genealogische Notiz und Wappen s. beim Schleswig-Holsteinischen Adel. ,
1869 zwei Herren von Hildebrandt in Hamburg lebend.

Hincke. (Taf. 10.)

Oldenburgisch-friesisches Geschlecht, welches noch nicht †, (wie es Ledebur II. 357 angiebt.)
Wappen: In G. eine ‡ Pyramide mit abgeschnittener Spitze [Obelisk], in der Mitte mit kreisrunder g. Oeffnung.
Auf dem Helme dieselbe, beiderseits mit einer g. Straussfeder besteckt.
Decken: ‡ g.
1869 ein Maler v. Hincke in Hamburg.

Hobe. (Taf. 10.)

Aus dem alten Mecklenburgischen Familie (deren genealogische Notiz und Wappen s. beim mecklenburgischen und schleswig-holsteinischen Adel) ist 1868 ein Herr v. Hobe Präses der Lübeck'schen Feuerversicherung in Lockwisch bei Lübeck.

von der Hoeden.

In Hamburg 1869 vorkommend.

Hoelzke.

In Hamburg 1869 vorkommend. Wahrscheinlich nicht adlig.

Holk. (Taf. 10.)

Alte Familie, verschieden von den dänischen von Holk. Die Familie gehörte zur Lübecker Zirkelgesellschaft.
Wappen: In G., auf b. Wellen schwimmend, ein alterthümliches ‡‡ Schiff mit rothen Tauen.
Auf dem Helm eine rechtswehende viereckige Fahne r. g. ‡‡, g. r. ‡‡ g. getheilt.
Decken: ‡‡ g.-r. g.

Hollen.

Wahrscheinlich van Hollen, also nicht adlig. In Hamburg und Bremen vorkommend. Ut puto ging aus dieser Familie der Freiherr von Hollen (preuss. Nobilitirung und Freiung vom Jahre 1866) hervor.

Holten. (Taf. 10.)

Eigentlich »van Holten«, also kein Adel (oder zweifelhaft). In Lübeck und Hamburg kommen Herrn dieses Namens vor. Ein Siegel zeigt auf grünem Boden in S. einen, aus einem gr. Walde am Schildesrande, beimkehrenden ‡‡-gekleideten Bauer mit ‡‡ Hut und Beil über der Schulter.)
Auf dem Helm ein geschlossener s. Flug.
Decken: ‡‡. s.
Ein Herr v. Holten (Georg Michael) in Hamburg giebt an, dass die Familie von altem Mecklenburgischen Adel mit Zweiglinien in Dänemark und Schweden sei (?). Uebrigens kommen Personen dieses Na-

mens auch in Berlin, Osterende, Otterndorf und Leer, in Hannover und Schöppenstedt in Braunschweig vor. Auch existiren in Hamburg Herren von Holt und von Holdt, wahrscheinlich alle »van«, obgleich die Familie vom Holte und von Holten schon 1462 im Hamburger Rath vorkommt.

von Holtze (vam Holte). (Taf. 10.)

Hamburger adliges Patriziergeschlecht.
Wappen: In S., auf gr. Dreiberg, 3 wachsende gr. Bäume.
Auf gr. s.-bewulsteten Helme ein geschlossener ‡‡ Flug, belegt mit r. Balken, worin drei goldene aufgehende Eicheln.
Decken: r. s.
In Bremen existiren noch Kaufleute von Holtz 1869.

v. Hopfgarten. (Taf. 10.)

Genealogische Notiz und Wappen s. beim sächsischen und mecklenburgischen Adel.
Ein Musiklehrer von Hopfgarten 1869 in Hamburg, stammend aus Mecklenburg.

v. Horn.

Fraglich ob adlig und welcher der vielen adligen Familien dieses Namens angehörig. 1869 viele dieses Namens in Bremen. Möglicherweise eine schwedische Nobilitirung.

Hosstrup.

Ein Herr dieses Namens 1869 in Hamburg lebend. Er stammt ab von einem Schullehrer aus dem dänischen Orte Hosstrup, der sich Ende vorigen saec. in Hamburg niederliess und nach seinem Geburtsorte nannte. Sein Sohn Gerhard Carsten Jacob v. Hosstrup hatte eine Manufakturhandlung.

Hove, von. (Taf. 10.)

Hamburger adliges Patriziergeschlecht, verschieden von dem rheinischen v. d. Hove.
Wappen: In B. ein mit 3 r. Rosen belegter, s. Balken.
Auf dem r. b.-bewulstetem Helme eine r. Rose zwischen 2 s. Büffelhörnern je mit r. Spange.
Decken: b. s.
Noch 1869 im Arbeiterstande in Hamburg vorkommend. Auch in Bremen.

von der Hoya. (Taf. 11.)

Hamburger adliges Patriziergeschlecht. Claus v. d'Hoye 1542 Rathsherr.
Wappen: In B. ein aufgerichteter g.-gestielter s. Feuerwedel.
Auf dem b. s.-bewulsteten Helme derselbe.
Decken: b. s.
Ein Dr. med. v. d. Hoya 1867 in Bremen. Kommen auch in Oldenburg vor.

Hoyemanns. (Taf. 11.)

Die Familie gehörte zur Lübecker Zirkelgesellschaft.
Wappen: Gespaltener g. Schild, vorn 2, hinten ein r. Sparren.
Auf dem Helme 2 g. Büffelhörner je mit 2 r. Sparren belegt.
Decken: r. g.

Hoyer. (Taf. 11.)

Lüneburgisches, später auch Hamburgisches adliges Patriziergeschlecht, welches ursprünglich aus Holstein stammte.

Wappen: In S. aus gr. Boden wachsend ein ‡‡ Mohrenrumpf mit r. Kopfbinde.
Helm: derselbe.
Decken: ‡‡. s.

von Hunsen

in Bremen 1869 vorkommend. Die Familie dürfte niederländischen Ursprungs sein und eigentlich van Hunsen heissen, also nicht adlig sein.

von Hunteln

in Bremen 1869 vorkommend. Wahrscheinlich van Hunteln, also nicht adlig.

Hupe. (Taf. 11.)

Cölner Patriziergeschlecht, später nach Lübeck gekommen, wo sie zur Zirkelgesellschaft gehörten.
Wappen: In G. eine fingbreite Gans.
Auf dem Helme sitzt dieselbe.
Decken: g. s.

von Husen

in Hamburg 1869 vorkommend, wohl van Husen, also nicht adlig.

Hüttlen (Hüttlem). (Taf. 11.)

Hamburger adliges Patriziergeschlecht. Gerhard v. Hütlem 1523 Rathsherr.
Wappen: Getheilt von S. über Gr. Oben ein schreitender ‡‡ Löwe, unten ein s. Querstrom.
Auf dem s. ‡‡-bewulsteten Helme ein offener ‡‡ Flug.
Decken: ‡‡ s.

Illhoven. (Taf. 11.)

Die Familie gehörte zur Lübecker Zirkelgesellschaft und ist erloschen.
Wappen: In R. ein linksgekehrtes (mit der Mündung) s. Jagdhorn mit Band.
Helm: 2 Büffelhörner g.-r.
Decken: r. g.

Justi. (Taf. 11).

Es finden sich 2 diverse Wappen dieser aus dem Mansfeldschen stammenden Familie, deren eines (ex sig. sub. nom. Justinus) vorliegt, vgl. v. Ledebur Adelslexikon I. S. 404, danach steht in I. die s. Säule auf der Linie in B.; der Arm in II. kommt aus Wolken im linken Obereck; das ‡‡ Rad in III. ist vierspeichig in S.; der Anker im IV. ist S. schräg rechts in B.
Helm: das Rad zwischen 2 B. Büffelhörnern.
1869 ein Fräulein v. Justi in Hamburg lebend.
Ein zweites Wappen in 2 Formen nach Siegeln (v. Justi) ist ebenfalls geviertdet. (Der Ursprung unbekannt). I. in S. eine r.-gekleidete wachsende Justitia mit Kopfbinde Schwert und Waage. II. in R. ein s. Schräglinksbalken, begleitet von 2 s. Möndchen. III. in R. ein g. Adler. IV in B. 3. (2. 1.) s. Tauben rechtssehend.
Auf dem Schilde 2 gekrönte Helme, zwischen denen eine fünfperlige Krone ruht.
Helm I.: Die Justitia wie im Schilde.
Decken: r. s.
Helm II.: s. Ring zwischen offenem b. Fluge.
Decken: b. s. statt der Decken auch ein Wappenmantel.
Var.: in I.: ein Mond. II.: die Justitia. III.: Adler. IV.: schreitender Bock. Helm I.: Justitia. Helm II.: gekrönter Doppeladler.

Kampe, von oder vom. (Taf. 11.)

Hamburger adliges Patriziergeschlecht. Stammvater Joachim v. Kampe aus Stade, geb. 1517.

Wappen: In S., auf gr. Berge ein gr. Baum, begleitet von 2 schwebenden gr. quergelegten Stammstücken aus deren jedem oben, an zweiblättrigem Stiel eine auswärts gebogene gr. Eichel wächst.

Auf dem r. s. bewulsteten Helm ein dergleichen links gebogene.

Decken: gr. s.

1869 lebt ein Herr von Kampen in Hamburg diverse v. dem Kampe finden sich in Oldenburg und Hannover.

Kantzow. (Taf. 11.)

Rittermässiger Reichs - Adelstand d. d. Wien 25. April 1751 für Emanuel Heinrich Kanzow, Gutsbesitzer in Schwedisch Pommern. Ein Herr v. Kantzow lebt in Hamburg 1867.

Wappen: in B. 3 (2. 1.) g. Sterne.

Aus dem b. g.-bewulsteten Helme wächst ein Engel mit niedergeschlagenen s. Flügeln, in die Hüfte gestemmten blossen Armen, kurzen Aermeln, g. Unterkleide und g.-bordirten b. Oberkleide.

Decken: b. g.

Kapff. (Taf. 11.)

Adlige Familie, welche in Person des Stadtgerichts- und Kanzlei-Inspectors Carl Gottlieb Kapff. d. d. 27. Aug. 1806 eine königlich Preussische Anerkennung erhielt.

Wappen: Getheilt von R. über S., Oben wachsend ein s. Stier unten 6 ‡‡ Schräglinksbalken.

Aus dem gekrönten Helme wächst der s. Stier zwischen 2 ‡‡ Büffelhörnern.

Decken: r. s. - ‡‡. s.

Die Familie blüht im Kaufmannsstande in Lübeck und Bremen, auch in Oldenburg und Niendorf (Hannover).

Kastorp(en). (Taf. 11.)

Adliges Geschlecht, zur Lübecker Zirkelgesellschaft gehörig.

Wappen: Gespalten, vorn in G. ½ ‡‡ Adler am Spalt, hinten von R. und B. (besser s.) dreimal getheilt.

Auf dem Helme ein geschlossener ‡‡ Flug, ie belegt mit s. Schrägrechtsbalken, worin schräg ein ‡‡ Pfeil.

Decken: ‡‡. g. - r. s.

Kellinghausen. (Taf. 11.)

Hamburger adliges Patriziergeschlecht, welches dort im Rath sass.

Wappen: Getheilt von B. über S., Oben ein schreitender s. Löwe, unten ein r. Kleeblatt.

Aus dem b. s.-bewulsteten Helme wächst ein s. Löwe.

Decken: b. s.

Kerkring (Kirchring). (Taf. 12.)

Lübecker Patrizier, gehörten zur dortigen Zirkelgesellschaft. Stammten aus Münster, wo sie zu den Erbmännern gehörten. Berthold von Kerkring 1389 bis 1405 Rathsverwandter dorten.

Wappen: In r.-bordirten G. Felde ein gekrönter ‡‡ doppelschweifiger Löwe.

Decken: ‡‡. g.

Auf dem Helme ein r.-gezäumter ‡‡ Kameelhals. Die Familie ist verschieden von der von Kerckering(ck) zu Borg und Stapet in Westphalen.

Kirchner. (Taf. 12.)

Reichsadelstand etc. d. d. Wien 3. Novbr. 1629 für Daniel Kirchner, kursächsisch geheimen Canslisten, Johann und Friedrich, Gebrüder Kirchner.

Wappen: In S., eine von 2 r. Ordenskreuzen beseitete aufsteigende durchgehende eingebogene b. Spitze darin auf gr. Dreiberge eine s. Kirche (halb im Profil) mit ‡‡ Bogen-Thür und 3 Fenstern; auf der Mitte des r., an beiden Enden mit g. Kreuzchen verzierter s. Thurm mit 2 ‡‡ Fensterchen.

Auf dem gekrönten Helme 4 Straussfedern (2—2 s. r. - r. s.

Decken: r. s.

Die auch in Schleswig begüterte Familie kam dorthin aus Dänemark, wo sie seit vorigen saec. blüht. Ein königlich dänischer Major a. D. v. Kirchner lebte von 1852 bis zu seinem Tode 1868 in Lübeck.

Klass.

Genealogische Notiz und Wappen s. beim preussischen Adel.

Ein Schiffscapitain v. Klass in Hamburg 1869.

Klingenberg. (Taf. 12.)

Dänischer Adel (17. saec.). Nachkommen kamen nach Mecklenburg, dann nach Lübeck, wo sie zur dortigen Zirkelgesellschaft gehörten.

Wappen: Gespalten von R. und B. Vorn ½ g. Adler am Spalt, hinten, schrägrechtsgestellt, ein g. Ast mit oben 2, unten einem länglichem Blatte.

Auf dem Helme ein s. Adlersrumpf mit g., aus Kugeln bestehender, Halskette.

Decken: r. g. - b. g.

Köhler. (Taf. 12.)

Aus Stadthagen (Gr. Schaumburg) stammendes Adelsgeschlecht, welches sich in Lübeck niederliess. wo 1388 Heinrich Köhler Senator war.

Wappen: In G. ein Eichenstamm mit 2 gr. Blättern und 3 Eicheln.

Wahrscheinlich gehören hieher die 1869 noch in Hamburg vorkommenden v. Köhler (?). Nach einer anderen Nachricht erhielten die lübeckschen v. Köhler erst d. d. 1. October 1653 den Reichsadelstand in Person des lübeckschen Bürgermeisters Anton Köler und ihr Wappen durch einen halben Adler vermehrt

Königslöw. (Taf. 12.)

Wahrscheinlich von Schweden geadelt.

Wappen: halbgespalten und getheilt von S. Gr und R., oben vorn ein r. Löwe, hinten eine s. unten eine dergleichen Lilie.

Auf dem gekrönten Helme die rechte Hälfte einer gespaltenen s. Lilie und ein r. Flügel schräg von einandergelehnt.

Var.: Feld I r. mit s. Löwen, Feld II b. Feld III grün. Kommen in Hamburg und Lübeck vor.

Konstein. (Taf. 12.)

Die Familie gehörte zur Lübecker Zirkelgesellschaft und ist erloschen.

Wappen: In B. ein g. Balken, belegt mit 9 (3. 3. 3.) quergelegten r. ovalen Steinen.

Auf dem Helme ein s. Einhornrumpf.

Decken: b. g.

Kortum.

Hamburger Patrizier.

Wappen: in S. nebeneinander aufgerichtet 3 gr. Oelzweige.

Helm: ein dergleichen wachsend.

Krabbe.

Fraglich, ob zu der alten dänischen Familie gehörig oder nicht; ein durch den Offizierstand wohl im

Besitz des dänischen Personaladels befindlicher Major a. D. v. Krabbe lebt 1869 in Hamburg.

Kretschmann. (Taf. 12.)

Genealogische Notiz und Wappen s. beim bairischen und sächsischen Adel. Ein Herr v. Kretschmann 1869 in Hamburg.

Krimpen.

1869 kommen in Hamburg Personen dieses Namens vor, welche wahrscheinlich van Krimpen heissen, also nicht adlig sind.

v. Kroge, v. Kryge, (vam Kroghe). (Taf. 12.)

Hamburger adliges Patriziergeschlecht.
Wappen: In B. ein alterthümlicher g. Pflug.
Auf dem Helme ein geschlossener Flug, vorn s., hinten b.
Alias: Offener Flug b. - s.
Decken: b. g.
Personen dieses Namens (v.|Kroge) kommen noch heute in Hamburg, Holstein, Bremen und Lübeck vor.

Krogh. (Taf. 12.)

Ursprung und Wappen s. beim Schleswig-Holsteinschen Adel.
Ein Herr von Krogh ist Lübeck'scher Consul zu Tromsoe in Norwegen 1867.

Lange.

Ungewiss, ob adlig, oder welchem der vielen Geschlechter dieses Namens angehörig leben 1869 mehrere v. Lange in Hamburg.

Langen. (Taf. 12.)

Die Familie gehörte zur Lübecker Zirkelgesellschaft.
Wappen: In B. ein von G. und S. gespaltener Doppeladler.
Auf dem b. g.-bewulsteten Helme 5 g. Aehren an Blätterhalmen.
Decken: b. g.

de Lannoy. (Taf. 12.)

Französische, aus dem Tournoisis emigrirte Familie.
Wappen: Unter b. Schildeshaupt, worin 2. g. Sterne, in S., auf gr. Boden ein gr. Baum.
Auf dem Schilde die Edelkrone.
Mehrere dieses Namens 1869 in Hamburg.

Legat. (Taf. 13.)

D. d. Wien 19. August 1785 erhält Joh. v. Legat, Quartiermeister des Herzoglich Holsteinischen Kürassierregiments, und sein Bruder Joh. Heinrich Ernst eine kaiserliche Adelsbestätigung nebst anderen Privilegien.
Wappen: In S. ein g. Leopardenkopf, gegen welchen im Dreipass 3 bläulich weisse Lilien (sic!), deren obere an ihm hängen, die untere ledig mit der Spitze gegen ihn gekehrt ist, stehen.
Auf dem gekrönten Helme stehen 2 auswärts gehnte b. Turnirlanzen.
Decken: r. s. (sic!) ex dip. cop.

Lemeyer (Lemeier).

Hamburger adliges Patriziergeschlecht.
Wappen: Getheilt von B. über G. durch s. Balken. Oben 3 (1. 2.) g. Sterne, unten, auf gr. Boden, 3 wachsende s. Gartenlilien an Blätterstengeln.
Auf dem b. g.-bewulsteten Helme ein g. Stern, zwischen offenem von G. und B. übereckgetheilten Fluge.
Decken: b. g.

Bd. III. Abthlg. 3.

Lengerke. (Taf. 13.)

Aus Osnabrück stammend. Hannöver'sche Patrizierfamilie, gehörten später auch (Peter v. Lengerke, Bürgermeister 1697) zu den Patriziergeschlechtern in Hamburg und führten dort folgendes Wappen: In B., sitzend auf grünem, aber blätterlosen, aus dem rechten Untereck hervorgehenden Aste ein rechtssehender s. Falke mit r. Kopfbinde, die links abfliegt.
Auf dem Helme Ast und Falke zwischen offenem b. s. übereckgetheilten Fluge.
Decken: b. s.
Ein Dr. jur. 1869 in Bremen.

Lente. (Taf. 13.)

Ursprung und Wappen beim hannöver'schen Adel.
In Lübeck mit Godeke v. Lente 1443 eingewandert, woselbst dessen Sohn Gerhard eine reiche Stiftung machte.

Leesen. (Taf. 12.)

Ursprung und Wappen s. beim Schleswig-Holsteinischen Adel.
Ein Kaufmann von Leesen 1869 in Hamburg.

Lewen. (Taf. 13.)

Schlesisches Geschlecht, was auch nach Lübeck kam und zur dortigen Zirkelgesellschaft gehörte.
Wappen: In R. 2 geschrägte g. - begriffte s. Schwerter.
Dieselben auf dem gekrönten Helme.
Decken: r. s.

von Lind.

Fraglich, ob zu der 1777 adligen Familie von Lindt gehörig (genealogische Notiz und Wappen s. beim sächsischen Adel).
1869 ein v. Lind in Bergedorf bei Hamburg.

v. d. Linde. v. d. Linden.

Es existiren mehrere Kaufleute in Hamburg und Bremen dieses Namens, von denen nicht zu bestimmen, ob sie adlig und welcher der vielen Familien dieses Namens angehörig.

Lindemann. (Taf. 13.)

Die alte sächsische Familie. Genealogische Notiz und Wappen s. beim Sächsischen Adel. Ein v. Lindemann ist 1867 Lübeck'scher Consul in Lima u. Callao.

Lindenau. (Taf. 13.)

Genealogische Notiz und Wappen s. beim sächsischen Adel. 1869 ein v. Lindenau in Hamburg.

Lingen.

Aus Lingen in Westphalen nach Lübeck eingewanderte adlige Familie, aus der 1607 Gerhard von Lingen daselbst starb.
In Bremen kommen Mehrere dieses Namens 1869 vor.
Wappen: ?

Lippe, von der.

Adlige, aus Vinsebeke bei Paderborn (Westphalen) nach Lübeck eingewanderte Familie. Adolf Franz Friedr. von der Lippe war 1688 Thumherr zu Lübeck. Die Familie kommt auch in Hannover, Holstein und Oldenburg vielverbreitet vor.

Lipstorp.

Stammvater Hermann Lipstorp, geboren 1565 zu Lübeck. Dessen Urenkel Clemens Samuel Lipstorp,

4

Hamburgischer Gesandter und Syndikus am kaiserlichen Hofe zu Dresden, wurde 1745 in den Reichsadelund Ritterstand erhoben. W.?

von Lohe (vam Lo). (Taf. 13.)

Hamburger adliges Patriziergeschlecht.
Wappen: In ‡‡ ein offener g. Flug.
Auf dem ‡‡ g.-bewulsteten Helme ein geschlossener g. Flug, Sachsen links gekehrt.
Decken: ‡‡ g.

Lübeck, Ritter. (Taf. 13.)

Reichs-Ritterstand und Adel mit dem Prädikat »v. Lübecke« d. d. Semlin 14. Mai 1788 für Ewald Egidius Liebig, Königl. Preuss. Hof-Halsgerichtsund Criminalrath zu Königsberg. (Die Familie ist verschieden von der 1637 vom Kaiser geadelten Familie Lübeck von Liebendorf in Schlesien. Am 17. Jan. 1816 erhielt dessen Sohn Friedr. Joh. Ewald v. Lübeck, Königl. Preuss. Postinspector, eine Königl. Preuss. Adelsrenovation.
Wappen (nach beiden Diplomen, 1788 u. 1816: In G. ein ‡‡ Schrägrechtsbalken, in welchem, doppelschweifig, ein g. Löwe, ein eisernes Fähnlein an g. Stiel, die beiden Zipfel aufwärts gekehrt in der Rechten über seine Schulter schräg links tragend, schreitet. Der Balken ist begleitet von 2 aufgerichteten ‡‡ Lilien.
Helm I.: ‡‡ Lilien vor Pfauwedel. Helm II.: Der Löwe wie im Schilde, wachsend zwischen 2 g., je mit ‡‡ Schrägbalken (nach innen absteigend) belegten Büffelhörnern.
Decken: ‡‡ g.

Lübke, Lübken.

Vielleicht identisch mit der hannöver'schen Familie v. Lüpke (?). (Genealogische Notiz und Wappen s. beim hannöver'schen Adel). In Bremen vorkommend 1869.

Lährte.

1869 in Bremen vorkommend.
Es ist diesseits unbekannt, woher diese Familie stammt und ob sie adlig ist.

Lüneburg I. (Taf. 13.)

Adliges Hamburger Patriziergeschlecht, dort früher rathsgesessen.
Wappen: In R. ein s. Sparren, begleitet von 3 (2. 1.) s. runden Spangen mit senkrechtem Stab in der Mitte.
Auf dem Helme 2 von S. und R. übereckgetheilte Büffelhörner.
Decken: r. s.

Lüneburg II. (Taf. 13.)

Ein anderes adliges Patriziergeschlecht in Hamburg.
Wappen: Gespalten, vorn r. Stern in G., hinten gespalten, vorn ein pfahlweises Schach r. b. in zwei Reihen, hinten blau.
Aus dem gekrönten Helme wächst ein s. Pferd, dessen Kopf mit 2 Straussfedern b.-r. besteckt ist.
Decken: r. g.

Lüneburg III. (Taf. 13.)

Lübecker Patrizier, hierher anno 1260 aus Liefland gekommen. Die Familie gehörte zur Lübecker Zirkelgesellschaft.
Wappen: In B. 3 g. Schachthürme (2. 1.)
Auf dem Helme ein b.-gekleideter Mannesrumpf mit b. s. abfliegender Kopfbinde.
Decken: b. g.

Maack. (Taf. 14.)

Ursprung und Waqpen s. beim Schleswig-Holsteinischen Adel. In Hamburg leben 1869 mehrere dieses Namens.

Magius. (Taf. 14.)

Lübecker Patrizier. D. d. Wien 12. Sept. 1801 erhielt Ernst Albrecht Magius, Vikar-Assessor an der Lübecker Kathedrale den Reichsadelstand. Nachkommen 1857 in österreichischen Diensten. Die in Lübeck haben den Adel abgelegt.
Wappen: Geviertet. I.: Von B. über R, schräglinks durch s. Schrägbalken getheilt. II. und III.: In S., auf gr. Boden 3 gr. Stengel, je links mit 3 abhängenden s. Maiglöckchen. IV.: In B. ein säbelschwingender doppelschweifiger s. Löwe.
Aus dem gekrönten Helme wächst der säbelschwingende Löwe.
Decken: b. s.-r. s.

von der Maack.

Ein Cassirer dieses Namens in Bremen. Wahrscheinlich niederländischen Ursprungs, van der Maach, also nicht adlig.

v. d. Meden. (Taf. 14.)

Hamburger adliges Patriziergeschlecht. Daniel v. d. Meden, geb. 1694 in Hadeln ist der Stammvater.
Wappen: In R. ein aufgerichteter b. Feuerwedel mit s. Stiel und Querholz.
Auf dem Helme 2 dergleichen auswärts gelehnt.
Decken: r. s.
Die Familie kommt noch 1869 in Hamburg im Kaufmannsstande vor.

Melle. (Taf. 14.)

Westphälischer alter Adel; schon 1392 ein von Melle Bürgermeister von Osnabrück. Von da Anfang des 18. saec. ausgewandert, war ein von Melle Bürgermeister zu Lübeck.
Wappen: 3 r. Schrägrechtsbalken im s. Felde, mit einem Hermelin-Freiviertel im rechten Obereck.
Auf dem Schilde eine Edelkrone.
1867 ein Herr von Melle Weinhändler in Lübeck.
Ein Kaufmann von Melle 1869 in Hamburg.

Mensbier.

Ein Kaufmann v. Mensbier in Bremen 1869.

Merck, (Barone). (Taf. 14.)

K. K. österreichischer erbländischer Freiherrnstand d. d. Wien 28. Dec. 1860, publ. April 1861, für Ernst Merck, österreichischen General-Consul in Hamburg als k. k. Commandeur des Leopoldordens.
1869 lebt eine Baronin von Merck in Hamburg, Wittwe des Obengenannten.
Wappen: Geviertet mit von S. und B. gespaltenem Herzschilde, worin 3 (2. 1.) Säcke mit beiderseits abfliegenden Bändern verwechselter Tinktur. I. und IV.: in ‡‡ von 2 nach der Theilung laufenden g.-behalsbandeten s. Windhunden begleiteter, mit 3 r. Pfeilen hintereinander belegter g. Schrägrechtsbalken. II.: Von B. über S. getheilt darin 3 (2. 1.) gr. Kleeblätter. III.: In B. 3 (2. 1.) s. Marletten.
Auf dem Schilde 3 gekrönte Helme. Helm I.: wachsende einwärts gekehrter g.-behalsbandeter s. Windhund, von r. Pfeil schrägrechts abwärts durchbohrt, zwischen 2 g. ‡‡-s. r. getheilten Büffelhörnern. Helm II.: r.-gewäffter s. Kranich mit Stein in der erhobenen Rechten, zwischen offenem, von S. und B. übereckgetheiltem Fluge. Helm III: Wachsendes gr. Kleeblatt zwischen 2 von S. und B. übereckgetheilten Büffelhörnern.

Decken: ‡‡. g. - b. s. - b. s.
Schildhalter: 2 Windhunde wie im Schilde auf
s. Bande mit ‡‡ Devise:
»Ohne Kampf kein Sieg« über g. Schnitzwerk.

Mere. (Taf. 14.)

Hamburger adliges Patriziergeschlecht, welches
dort im Rath sass.
Wappen: In R., zwischen 3 (2. 1.) s. Rosen 3
balkenweis gestellte s. Kleeblätter.
Auf dem Helme eine s. Rose zwischen offenem
s. Fluge.
Decken: r. s.

Meteler. (Taf. 14.)

Stammend aus Camen in Westphalen; nach Lü-
beck ausgewandert. Die Familie gehörte zur Lübecker
Zirkelgesellschaft: Johann Meteler, dort 1358 Raths-
verwandter.
Wappen: Von G. über ‡‡ getheilt durch einen
beiderseits anstossenden, auf der Spitze stehenden
Würfel verwechselter Tinctur, dessen Begrenzungsli-
nien gestuft und dessen Ecken platt abgeschnitten sind.
Auf dem ‡‡. g. bewulsteten Helme ein wachsen-
der gr. Drache mit Zackenflügeln und Zunge mit
Pfeilspitze.
Decken: ‡‡. g.

Meyer. (Taf. 14.)

Die Familie gehörte zur Lübecker Zirkelgesellschaft.
Wappen: In B. nebeneinander stehend 3. g. Sen-
sen, die äusseren aufgerichtet und die Eisen einwärts
und mit den Spitzen geschrägt, die mittlere gestürzt,
und mit der Schneide den Stiel der rechten unten be-
rührend.
Auf dem b. g.-bewulstetem Helme 2 die Schneiden
rechtskehrende g. Sensensen.
Wahrscheinlich dieser Familie gehören, die 1869
noch in Bremen lebenden von Meyer an.

Michalkowsky. (Taf. 14.)

Polnischer Uradel des Stammes und Wappens
Kosciessa. 1869 lebt eine verwittwete Appellations-
rath v. Michalkowsky in Bremen.

Miles. (Taf. 14).

Hamburger adlige Patrizierfamilie, auch im lüneburgischen Patriziat.
Wappen: In R., die Sachsen aufwärtskehrend,
ein s. Adlerflügel, dessen rechtes Knorpelende in einen
gekrönten g. Menschenkopf ausgeht.
Auf dem Helme derselbe Kopf, oben auf der Krone
besteckt mit 3 s. Wecken nebeneinander zwischen 2 s.
mit g. Krone bezeichneten Fahnen.
Decken: r. g.
NB. Das Wappen hat viel Aehnlichkeit mit dem
der Freiherren von Hodenberg (vgl. hannöv. Adel).

Minden.

Adlige, aus Minden in Westphalen nach Lübeck
ausgewanderte Familie, aus der Matthäus von Minden
1449 Vicar an St. Marien daselbst war. 1869 in Bremen und Bremerhaven vorkommend, desgl. in Hamburg (auch in Schleswig-Holstein, Hannover und Oldenburg).

Molié.

Einer von Molié 1869 in Hamburg anscheinend
Franzose, obwohl unbekannt, ob adligen Herkommens.

Möller. (Taf. 14.)

Reichsadelstand d. d. 25. Mai 1541 für Joachim
Möller aus Hamburg. d. d. 18. März 1570 erhielt derselbe eine Kaiserliche Wappenbesserung. Die Familie
gehörte zu den Hamburger Patriziergeschlechtern,
kommt auch in Mecklenburg vor.
Wappen: Gespalten von S. und R., vorn ein r.
Balken, darin mit den Spaltflächen aneinandergestellt eine vierblättrige r. Rose und ein 8 strahliger
g. Stern, beide halb durchgespalten, hinten am Spalt
1/2 s. Lilie.
Aus dem Helme wächst ein r. Hirsch.
Decken: r. s. - r. g.
Ausser dieser Familie gab es noch 5 — 6 andere,
aber längst erloschene aber nicht adlige Hamburger
Patrizier Familien dieses Namens.

Moren. (Taf. 14.)

Die Familie gehörte zur Lübecker Zirkelgesell-
schaft, wahrscheinlich 1666 geadelt.
Wappen: In G. 3 (2. 1.) ‡‡ Mohrenköpfe rechts-
sehend, mit gezacktem g. Kragen und r. Stirnbinden.
Auf dem Helme ein desgleichen.
Decken: ‡‡. g.

Morkirchen. (Taf. 15).

Die Familie gehörte zur Lübecker Zirkelgesellschaft.
Wappen: In G., auf gr. Boden, innerhalb einer,
über den Schild quergezogenen s. Mauer, eine Kirche
mit b. Dach und rechts 1, links 2. b.-bedachten r.
Thürmen.
Auf dem Helme, (ohne Mauer) die Kirche.
Decken: r. g.

Mulkur.

1869 in Bremen ein v. Mulkur. Der Name dürfte
auf russischen Ursprung deuten. Ich weiss jedoch nicht,
ob er von Adel ist.

Münchhausen. (Taf. 15.)

Niedersächsischer Uradel (genealogische Notiz und
Wappen s. beim braunschweigischen etc. Adel). Die
Familie gehörte auch zur Lübecker Zirkelgesellschaft.
Das Wappen wurde hier geführt als: in G. ein
wachsender ‡‡ gekleideter rechtsgekehrter Mönch mit
Stab in der rechten und Laterne in der linken Hand.
Derselbe wachsend auf dem Helme.

Namensdorff. (Taf. 15.)

Patriziergeschlecht in Bremen.
Wappen: in B. ein mit 3 aufgerichteten gr. Mohn-
zweigen mit 2 Blättern belegter g. Balken. Kleinod
fehlt.

Zur Nedden.

Nicht adlig; in Lübeck 1868 zwei Postbeamte dieses Namens. Auch in preussischen Militärdiensten.

v. der Nienburg.

Fraglich, ob zu dem altadligen niedersächsischen
Geschlecht v. Nienburg gehörig. 1869 in Ritzebüttel
vorkommend.

Nigelen. (Taf. 15.)

Hamburger Patrizier.
Wappen: In S. ein mit schreitendem g. Löwen
belegter, von 3 (2. 1.) r. Rosen begleiteter r. Balken.
Helm: der Löwe wachsend.

Nohren.

1869 in Hamburg vorkommende Familie, wahrscheinlich van Nohren, also nicht adlig.

Norden.

Aus Dortmund stammend war Bertram v. Norden bis 1557 Superintendent zu Lübeck. Noch 1867 lebt ein Kaufmann v. Norden in Leer (Hannover).
W a p p e n:?

Nussberg. (Taf. 15.)

Die Familie gehörte zur Lübecker Zirkelgesellschaft.
W a p p e n: In R. ein in 3 Reihen von s. b. und g. schrägrechts gerauteter Balken.
Auf dem Helme eine g. Krone mit s. Bügeln.
D e c k e n: b. g. - r. s.

Obstfelder. (Taf. 15.)

Schwarzburgischer Uradel. — D. d. 10. Juli 1558 erhielten drei Gebrüder Hans, Wolfgang und Volkmar einen kaiserl. Adelserneuerungsbrief.
W a p p e n: s. beim schwarzburgischen Adel.
Ein v. Obstfelder lebt 1869 in Hamburg.

Ochs.

Fraglich, w e l c h e r der nobilitirten Familien dieses Namens angehörig, lebt ein v. Ochs 1869 in Hamburg.

Oe(h)sen.

Fraglich, ob zu der bei Ledebur II. 162 erwähnten Familie v. Oesen gehörig.
W a p p e n?
Auch ist es nicht unmöglich, dass sie der aus der gleichnamigen westphälischen Stadt eingewanderten Familie der Oesede angehören. In Bremen 1869 vorkommend.

Ohlen.

Zweifelhaft, ob zu der Familie v. Ohlen und Adlerkron in Schlesien gehörig. 1869 in Bremen vorkommend.

Osenbrügge. (Taf. 15.)

Adlige, aus dem gleichnamigen westfälischen Ort nach Lübeck eingewanderte Familie aus der Siegfried v. Osenbrügge hundertster Rathsverwandter dort war. Die Familie blüht noch jetzt, als v. Ossenbruch im Rheinlande.
W a p p e n: In R. ein linksschwender s. Ochsenrumpf.
Auf dem gekrönten Helme derselbe.
D e c k e n: r. s.

Oosten, von.

Vielleicht eine Linie der Pommerschen v. d. Osten (?.
Genealogisch Notiz und Wappen s. beim Baierischen, Mecklenburgischen etc. Adel.
Ein Dr. med. und 2 Kaufleute dieses Namens 1869 in Hamburg.

Pechlin, Freiherrn. (Taf. 15.)

Genealogische Notiz und Wappen s. beim Schleswig-Holsteinischen Adel.
1869 lebt ein Baron v. Pechlin in Hamburg.

Pein.

Wohl sehr fraglich, ob an der alten Familie Pein (Pein) auf Wensmar, oder zu den 1729 nobilitirten gehörig. Aus dieser Familie, welche auch vielfach in Schleswig-Holstein vorkommt, leben mehrere 1869 in Hamburg.

Perseval. (Taf. 15.)

Die Familie gehörte zur Lübecker Zirkelgesellschaft ist Ansehen aber erloschen.
W a p p e n: In G. ein ‡ Sparren, begleitet von 3 (?), rothscheulehen ‡ Ehnerköpfen.

Auf dem Helme ein dergleichen.
D e c k e n: ‡ g.
Eine andere Westfälische Familie dieses Namens blüht in Liefland.

Pflugk. (Taf. 15.)

Sächsische Familie.
Genealogische Notiz und Wappen s. beim sächsischen Adel.
Einer dieses Namens lebt in Lübeck, ein anderer in Hamburg 1869.

Piermont (Pyrmont). (Taf. 15.)

Die Familie gehörte zur Lübecker Zirkelgesellschaft, ist aber erloschen.
W a p p e n: Geviertet von B. und S. I. und IV.: mit g. Lilien besäet, darüber ein g. Schräglinksbalken. II. und III.: r. Schräglinksstrom.
Auf dem Helme ein s.-gestülpter Turnierhut, oben mit Pfauwedel besteckt.
D e c k e n: b. g. - r. s.
Fahne a. a. O. giebt an, dass Moritz v. Pyrmont, welcher 1466 zu Lübeck als Stadthauptmann lebte, ein r. Ankerkreuz im g. Felde als Wappen geführt, also zum Stamm der Grafen v. Pyrmont gehört habe (?).

Plessen. (Taf. 15.)

Die alte mecklenburgische Familie, deren genealogische Notiz und Wappen beim mecklenburgischen Adel. 1869 ein v. Plessen in Hamburg lebend, wo sie früher zu den Patriziern gehörten.
Das W a p p e n wurde hier folgendermassen geführt: In G. ein schreitender ‡ Stier.
Derselbe auf dem Helme.
D e c k e n: ‡ g.

Plesskow (Plesskoven). (Taf. 16.)

Altes, aus Gothland im 13. Saec. nach Lübeck gekommenes Geschlecht, was zur Lübecker Zirkelgesellschaft gehörte, aber im 17. Saec. ausgestorben ist.
W a p p e n: In B. ein g. Stern, in der Mitte belegt mit r. Rose.
Auf dem gekrönten Helme ein b.-gekleideter Mannsrumpf mit r. Kragen und r.-gestülpter b. Mütze.
D e c k e n: b. g.

Plettenberg. (Taf. 16.)

Rheinisch - westphälischer Uradel, Freiherrn und Grafen (s. v. Hefner preussischer Adel, Freiherrn und Grafen.)
W a p p e n: (nach einem Johanniterschild in der Kirche zu Sonnenberg vom Jahre 1671) von ‡ und g. gespalten.
Auf dem gekrönten Helme 2 Straussfedern g.-‡.
D e c k e n: ‡ g.
1869 ein v. Plettenberg Maler lebend in Hamburg, gehört wohl der adligen Linie dieses Geschlechts an.

Pleyl.

1869 in Hamburg vorkommende Familie, welche wohl nicht zum Adel gehört.

Plönnies. (Taf. 16.)

Lübecker Patrizier, aus Münster in Westfalen mit Hermann v. Plönnies dahin gekommen, welcher letztere 1582 Thumherr in Lübeck wurde. Derselbe war schon d. d. Regensburg 12. Juni 1532 als Kaiserlicher Rath und Lübecker Bürgermeister nebst seinen Brüdern vom Kaiser als adlig anerkannt und in den Reichsritterstand erhoben worden. d. d. Wien 30. Oct. 1719 erhielt hierüber Joachim Georg v. Plönnies eine Kaiserliche Bestätigung.

Wappen: In B. ein s. Doppeladler, überdeckt durch einen mit 3 g. Sternen belegten r. Schrägrechtsbalken.

Auf dem gekrönten Helme ein offener b.-s. Flug, je mit g. Stern belegt.

Decken: b. s. (ex dipl. cop.)

v. d. Porten.

Nicht unwahrscheinlich, dass diese von der niederrheinischen uradligen Familie von Portzen oder v. d. Portz auch v. d. Pforte abstammen.

Wappen: In R. ein g. Schrägrechtsbalken.

Auf dem gekrönten Helme ein offener r. Flug.

Decken: r. g.

1869 mehrere dieses Namens in Hamburg.

Pohl.

Vielleicht die ostpreussische bei Ledebur. II. 212 erwähnte Familie.

Wappen?

1869 in Bremen vorkommend.

Posern-Klett. (Taf. 16.)

Osterländischer Uradel (woher der Beiname?)

Wappen: (nach einem älteren Siegel): In R. ein gekrönter vorwärtssehender Löwenrumpf.

Auf dem r. g.-bewulsteten Helme derselbe.

Decken: r. g.

1869 ein Kaufmann v. Posern-Klett in Hamburg.

Post. (Taf. 16.)

Hannöverischer Uradel, bereits 1272 urkundlich.

Wappen: In B. ein gekrönter s. Löwe.

Auf dem b. s.-bewulsteten Helme derselbe vor gekrönter, mit 3 Pfaufedern oben besteckter b. Säule.

Decken: b. s.

1869 ein v. Post in Bremen lebend.

Qualen. (Taf. 16.)

Ursprung und Wappen s. beim Schleswig-Holsteinischen Adel.

Herrmann Ulrich Christoph v. Qualen 1868 Gemeindevorsteher des Amts Travemünde.

Radeleff, (Radeloff.) (Taf. 16.)

Angeblich aus Schweden stammendes, Hamburger adliges Patriziergeschlecht, aus welchem auch Mitglieder in preussischen Kriegsdiensten gestanden haben, als v. Radeloff.

Wappen: In R. ein s. Balken, belegt mit 3 gr. Aststücken, aus denen unten, an aufwärts gebogenen Stielen 3 gr. Kleeblätter wachsen.

Auf dem Helme ein dergleichen.

Decken: r. s.

NB. Es ist nicht unmöglich, dass die in Holstein vorkommenden v. Rathlev, (vergl. Schleswig-Holsteinscher Adel) aus obiger Familie stammen (?!)

Rauchhaupt. (Taf. 16.)

Sächsischer Uradel, auch im Anhaltischen.

Wappen: (nach Stammbuchblatt) von R. S. und B. zweimal getheilt.

Auf dem Helme ein gekrönter Weibsrumpf, das Kleid von R. S. und B. zweimal gespalten, die Krone mit 6 ‡‡ Hahnfedern bestecht.

Decken: r. s.-b. s.

Ein Schiffskapitain v. R. 1869 in Hamburg.

Rechtenhusen. (Taf. 16.)

Hamburger Patrizier.

Wappen: gespalten von G. und B. vorn ½ ‡‡ Adler am Spalt, hinten ein g. Balken.

Kleinod fehlt.

Bd. III. Abth. 3.

Recken, (Reckens).

Kommen 1869 in Bremen und Bremerhaven vor und sind ursprünglich wohl van Recken geschrieben gewesen, also nicht adlig. vgl. Oldenburgischer Adel sub »Reeken«.

Recklingshusen.

Adlige, aus Recklinghausen in Westphalen stammende Familie, aus der Bertold von Recklinghusen achtundneunzigster Lübecker Rathsverwandter war.

Wappen:?

1868 ist ein v. Recklinghausen Richter beim Cölner Landgericht. (Ob hierzu gehörig?)

Reders. (Taf. 16.)

Hamburger adliges Patriziergeschlecht.

Wappen: In S. auf gr. Boden ein aufgerichteter ‡‡ Bock; derselbe wächst aus dem ‡‡ s. Helmwulst.

Decken: ‡‡ s.

Reiche.

In Hamburg und Bremen kommen 1869 Herren dieses Namens vor, doch kann nicht angegeben werden, welcher der drei verschiedenen nobilitirten niedersächsischen Familien dieses Namens sie angehören.

Rein.

Fraglich ob adlig. In Rudolstadt wohnt auch 1867 ein Mechanikus dieses Namens. 1869 in Hamburg vorkommend.

Reinken.

1869 in Bremen vorkommende Familie, wohl: van Reinken, also nicht adlig.

Remstede. (Taf. 16.)

Niedersächsischer Uradel, bereits 1200 urkundlich, später zu den Hamburger Patriziergeschlechtern gehörig.

Wappen: In S. ein r. Herz mit ‡‡ Flügeln.

Helm: offener ‡‡ Flug.

Decken: ‡‡ s.

Rentelen. (Taf. 16.)

Aus Rinteln in Westphalen nach Lübeck eingewanderte adlige Familie; gehörte zur Lübecker Zirkelgesellschaft.

Wappen: In B. ein mit 3 r. Rosen belegter g. Pfahl.

Auf dem Helme eine r. Rose zwischen 2 je in der Mündung mit 3 Pfaufedern besteckten Büffelhörnern.

Decken: b. g.

Retberg. (Taf. 17.)

Westphälische, nach Lübeck gekommene Familie, aus der Cord. Wibbecking v. Retberge Mitte 16. saec. Rath zu Lübeck war.

Wappen: s. beim nassauischen Adel.

Die Familie ist verschieden von den von Rettberg in Hannover und in Preussen.

Rheinwart. (van Rhyne). (Taf. 17.)

Hamburger adliges Patriziergeschlecht.

Wappen: In B. ein s. Querstrom, begleitet von 2 gr. Aststücken quergelegt, aus denen unten je eine nach aufwärts zu einem Ringe gebogene gr. Ranke hervorwächst, an deren jeder eine (oben links), unten rechtsgeneigte gr. Traube hängt.

Auf dem Helme eine dergleichen Ranke zwischen 2 von S. und B. übereckgetheilten Büffelhörnern.

Decken: b. s.

Riddern, Ritter.

Vielleicht aus der westphälischen Familie v. Rittern stammend (?).

Dieselbe führt: im b. Schilde rechts einen abnehmenden gebildeten s. Mond, vor dessen Gesicht ein von 4 in die Winkel gestellten s. Sternen begleitetes g. Ordenskreuz schwebt.

Auf dem b. g. s.-bewulsteten Helme wachsen 2 s.-geharnischte Arme mit s. Stulphandschuhen, einen das Gesicht abwärts kehrenden Mond haltend.

Decken: b. g.

1869 in Bremerhaven und Vegesack Personen dieses Namens vorkommend.

Riegen.

Vielleicht zu der bei Ledebur. II. 293 erwähnten neumärkischen Familie v. Riegen gehörig (?) 1869 in Hamburg und Bremen vorkommend.

Rittersberg, (Mensel v. Rittersberg).

d. d. 27. Mai 1794 erhielt der Capitain und Platzmajor Mensel zu Silberberg mit obigem Beinamen (dem seiner Mutter) den preussischen Adelstand.

Wappen: In s., beiderseits einer aufsteigenden durchgehenden eingebogenen b. Spitze, worin ein über gr. Dreiberg schwebender g. Anker, je ein r. Balken.

Auf dem gekrönten Helme, zwischen offenem Fluge, rechts b. mit 2 g., links r. mit 2 s. Balken, eine r.-gewäffte s. Taube mit Oelzweig im Schnabel auf b. g. b. r. s. r. Wulst.

Decken: b. g.-r. s.

1869 lebt ein Hauptmann a. D. v. Rittersberg in Hamburg wahrscheinlich dieser Familie angehörig.

Ritzen.

1869 in Bremen vorkommend.

Rönn.

Unbekannten Ursprungs, fraglich ob adlig. Personen dieses Namens kommen auch in Ottendorf (Hannover) vor. 1869 in Hamburg mehrere dieses Namens.

Rohden, Roden, Rhoden.

Aus Meppen (Hannover) stammend, seit Anfang des 19. saec. in Lübeck, zweifelhaft, ob adlig, obgleich Fahne (Westphalen, in Lübeck) dies bejaht. 1868 daselbst ein Buchhändler dieses Namens, besitzt indess weder Nachrichten noch Wappen. In Hamburg kommen gleichfalls Personen dieses Namens vor, es ist wahrscheinlich, dass sie der hannöverischen Familie v. Rohde oder Roden. (Wappen: Panzerhandschuh, vergl. Hannöverischen Adel) angehören; vielleicht auch zu der folgenden Familie.

Rohden. (Taf. 17.)

Bremen'sche Patrizier.

Wappen: Unter b. Schildeshaupt, mit 3 achtstrahligen g. Sternen, in G. ein r. Ochsenkopf mit gr. Lorbeerkranz um die Hörner.

Derselbe auf dem gekrönten Helme.

Decken: g.-r.

Ruben.

1869 in Hamburg vorkommende (jüdische?) wohl nicht adlige Familie.

Russenberge. (Taf. 17.)

Die Familie gehörte zur Lübecker Zirkelgesellschaft.

Wappen: In G. ein r. gemeines Kreuz, auf dessen Seitenarme je oben rechtsgekehrt ein s. Vogel sitzt.

Auf dem Helme ein r. Passionskreuz vor ‡‡ Flügel.

Decken: r. g.

Rütj.

1869 in Hamburg vorkommende Familie, sehr fraglich, ob von Adel.

Salzburg. (Taf. 17.)

König Friedrich I. von Dänemark schlug anno 1524 den Hamburger Bürgermeister Dr. Heinrich Salzburg zum Ritter; seine Familie gehörte zu den Hamburger Patrizier-Geschlechtern.

Wappen: Gespalten, vorn getheilt durch s. Balken oben in B. wachsend einwärts gekehrt ein g. Löwe, unten von G. über R. mit grossen Spitzen getheilt, hinten in S. 2 r. Schrägrechtsbalken.

Auf dem Helme wächst der g. Löwe.

Decken: b. g.-r. s.

Saltzen, (Salzen).

Kommen 1869 in Hamburg und Bremen vor, und sollen wohl van Salzen heissen also nicht adlig sein.

Sandbeck. (Taf. 17.)

Bremer Uradel, schon 1227 urkundlich, damals v. Westerbecke geheissen. Die Familie blühte bis vor Kurzem auch noch in Hannover.

Wappen: In B. ein s. Schrägrechtsstrom.

Auf dem Helme ein Pfauenwedel, oder 3 Straussfedern b. s. b.

Decken: b. s.

Var.: im Strom ein g. Sandhaufen.

Helm: offener b. Flug.

Dass die 1861 in Bremen vorkommenden v. Sandbeck diesem Geschlecht angehören, ist zu vermuthen.

Sande.

Vielleicht (?) zu dem † Lüneburgischen Patriziergeschlecht von dem Sande gehören die von Sande, welche 1869 in Bremen vorkommen.

Santen. (Taf. 17.)

In Mecklenburg stillschweigend als adlig anerkannte, aus Holland stammende, ursprünglich van Santen geheissene Familie, welche in Parchim, Templin und Cröpelin vorkommt.

Wappen: schräglinks getheilt, oben 3 Sterne, einer in der Ecke, zwei nach der Theilung, unten 3 Kugeln, ebenso gestellt.

Aus dem gekrönten Helme wächst ein geharnischter Arm, eine Granate haltend, zwischen zwei getheilten Büffelhörnern.

Farben fehlen (nt puto Feld oben b., unten r.)

1869 in Bremen kommen Herrn v. Santen vor, die sicher mit obiger Familie gleichen Ursprung haben.

NB. v. d. Knesebeck, a. a. Ort, sagt, dass die v. Santen in Leer (Ostfriesland) und auf Landegge (Arenberg-Meppen) nicht adlig sind.

Scharfenberg, (Scharffenberg). (Taf. 17.)

Westphälischer Uradel, später nach Lübeck und Mecklenburg gekommen.

Wappen: In B. ein von S. und R. wechselnd öfters getheiltes schräglinks gestelltes Pfeileisen.

Auf dem gekrönten Helme dasselbe aufrecht, mit fünf (2—3) ‡‡ Hahnefedern oben besteckt.

Decken: r. s.

1869 lebt ein General v. Scharffenberg in Hamburg vielleicht (?) aus obiger Familie.

Schelen, jetzt Schell. (Taf. 17.)

Die Familie ist verschieden von den übrigen gleichnamigen Familien (Schele und Schell) und gehörte zu den Hamburger adligen Patriziergeschlechtern.

Wappen: In R. ein mit gekrönter b. Schlange belegter s. Balken, begleitet von 3 (2. 1.). Lilien.
Auf dem Helme 2 r. Büffeihörner je mit s. Spange.
Decken: r. s.
Noch 1869 blüht die Familie sub. nom. Schell in Hamburg.

Seellendael, (Schellenthal.) (Taf. 17.)

Die Familie gehörte zur Lübecker Zirkelgesellschaft, ist aber erloschen.
Wappen: In ‡‡ ein s. Zickzackbalken (W) begleitet von 3 (2. 1) gestürzten s. Schellen.
Auf dem Helme ein ‡‡ Flügel, belegt mit 3 (2. 1) s. Schellen.
Decken: ‡‡ s.

Schilden. (Taf. 17.)

Ursprung und Wappen s. beim Schleswig-Holsteinischen Adel.

Der hierher gehörige, wahrscheinlich Letzte seines Stammes, lebt in Hamburg und stammt höchstwahrscheinlich von dem, d. d. Wien 22. Jan. 1755 in den Reichsadelstand erhobenen Kurbraunschweigischen Oberstlieutenant Carl Ludwig v. Schilden ab, da (wie beim Schleswig - Holsteinischen Adel gezeigt ist) die Descendenz der 1738 nobilitirten drei Gebrüder von Schilden im Mannesstamm erloschen ist. Es scheint dies überhaupt eine ganz andere Familie zu sein.

Das **Wappen** wenigstens (Diplom 1755) ist ganz anders, nämlich: in B. auf gr. Boden vorwärtsgekehrt ein um Haupt und Hüften laubbeschürzter wilder Mann, in der Rechten einen dürren braunen, oben dreiästigen) Stamm als Keule aufgestülpt in der Linken einen ebenfalls auf den Boden gestürzten, sein linkes Bein fast verdeckenden, etwas schräg - rechtsgelehnten kleinen dreieckigen ‡‡ Schild. Darin 3 (1. 2) g. Sterne, haltend.

Aus dem gekrönten Helme wächst der Mann mit dem Ast, zwischen offenem g., je mit dem (hier senkrechten) Schildchen belegtem Flüge.
Decken: b. g. - ‡‡ g.

Schlözer. (Taf. 18.)

Kaiserlich russischer Erbadelstand d. d. 30. Mai 1804 für Aug. Ludwig Schlözer, Verfasser einer Geschichte Russlands.
Wappen: Geviertet, I.: in B. ein g. Wladimir Kreuz. II.: schräglinks von R. über g. getheilt, oben eine g. Krone, unten ein ‡‡ Flügel (Sachsen rechts). III.: ebenso getheilt von G. über R., oben ein wachsender betender, vorwärtsgekehrter ‡‡ gekleideter russischer Mönch (Nestor oder Pope) unten ein aufgeschlagenes s. Buch mit dem Namen »Nestor« in russischen Lapidarbuchstaben. IV.: In G. ein ‡‡ Balken mit 3 g. Sternen.
Auf dem gekrönten Helm 3 s. Straussfedern.
Decken: ‡‡ g. - r. g.
Devise: in russischer Lapidarschrift und slavon. Sprache: »Ich gedenke der alten Zeiten!«
Des Nobilitirten Sohu war russischer Generalconsul in Lübeck, dessen Sohn wohnte daselbst 1868.

Schreiber. (Taf. 18.)

Kaiserlich russischer Erb-Adelstand d. d. 15. Juni 1839 für Johann Emanuel Sigismund Nicolaus Schreiber, kaiserlich russischen Hofrath. Derselbe lebt in Lübeck und führt folgendes **Wappen:**
Gespalten, vorn getheilt von S. über B., darin ein einwärtsgekehrter Löwe verwechselter Tinktur hinten in S., überhöht von achtstrahligem ‡‡ Stern ein schrägrechtsgestellter ‡‡ Anker und ein ausgerissener grüner Baum (»schräglinks«) geschrägt.

Auf dem gekrönten Helme 4 Straussfedern b. s.-‡‡. s.
Decken: b. s. - ‡‡. s.
Dies ist das alte Familienwappen, ein adliges Wappen ist nicht ertheilt worden.

Schröder I. (Taf. 18.)

Hamburger adliges Patriziergeschlecht, verschieden von mehreren gleichnamigen daselbst.
Wappen: In S. ein b. Balken, begleitet von 3 ‡‡ Brakenköpfen.
Auf dem Helme ein dergleichen Kopf zwischen 2 s. Büffelhörnern je mit b. Spange.
Decken: ‡‡ s.
1869 ein Kaufmann v. Schröder in Hamburg, wohl aus dieser Familie herstammend.

Schröder II. (Taf. 18.)

Hamburger adliges Patriziergeschlecht, aus dem Mitglieder in preussischen Diensten stehen (Ledebur II. 407 ad III.)
Wappen: Getheilt von S. über B. Oben ein ‡‡ Pelikan aber ohne Jungen, unten linksgekehrt ein g.-bebandetes r. Jagdhorn.
Helm: das Horn auf b. s. Wulst.
Decken: b. s.
NB. Aus dieser Familie erhielt 1765 ein Mitglied in Mecklenburg den Reichsadelstand mit vermehrtem Wappen.

Schröder III., Freiherren. (Taf. 18.)

Königl. preussischer Adelstand mit Freiherrntitel d. d. 26. Dezember 1868, (publ. 28. Jan. 1869) für den Kaufmann Johann Heinrich Schröder zu Hamburg.
Wappen: In S. ein r. Balken, begleitet oben von einem querliegenden gr. Blätterzweige, an dem oben 3 r. Rosen sitzen, unten von 3 (2. 1.) b. Sternen.
Auf dem gekrönten Helme eine r. Rose an gebogenem grün. Blätterstiel zwischen 2 geschlossenen s. Büffelhörnern.
Decken: r. s.
Devise: Vincet Veritas.

Schulendorff. (Taf. 18.)

Hamburger Patrizier.
Wappen: In B. am rechten Schildrande ein r. gr. g. getheilter in Stufen abfallender Altar, auf deren oberer eine an ihn gelehnte halbsitzende ‡‡ gekleidete Nonne den Ellenbogen des rechten Armes in dem sie ein g. Passionskreuz hält, stemmt.
Kleinod fehlt.

Schulten. (Taf. 18.)

Hamburger adliges Patriziergeschlecht.
Wappen: In R. 3 (2. 1) gr. Kleeblätter.
Auf dem r. s.- bewulstetem Helm ein Kleeblatt zwischen offenem Flüge.
Decken: r. s.
Vielleicht gehören hierher, oder zu der folgenden Familie das Fräulein von Schulte (1869 in Hamburg), während die v. Schulzen in Bremen 1869, wohl der d. d. 8. September 1792 in Person des Heinrich Christoph Schulten in den Reichsadelstand erhobenen, in Hannover blühenden Familie angehören.
Wappen: In B. 2 »treue Hände.«
Auf dem Helme 1 Hand wachsend.
Decken: r. ‡‡. (nc!)

Schwaren, (de Schworen). (Taf. 18.)

Hamburger adliges Patriziergeschlecht, welches erloschen zu sein scheint.

Wappen: Geviertet von R. und S. mit darübergezogenem gr. Balken.
Helm: 2 s. r. übereckgetheilte auswärtsgekehrte Gemshörner je mit gr. Spange.
Decken: r. s.

Segeberg. (Taf. 18.)

Die Familie gehörte zur Lübecker Zirkelgesellschaft.
Wappen: In B. eine querdurchgehende g. Mauer mit 4 runden Schiessscharten, oben besetzt mit 2 g. Zinnenthürmen und daszwischen mit einer lilienförmigen Haspe.
Auf dem Helme ein rundes r.-bordirtes Schirmbrett, worin die Schildesfigur, aber hier wachsend.
Decken: b. g.

Seggern.

1869 in Bremen (auch in Oldenburg) sollen nicht adlig sein.

Seitzberg.

Einer dieses Namens in Hamburg, sehr fraglich ob adlig, da über eine solche Familie diesseits nichts bekannt ist.

Semmelbecker. (Taf. 18.)

Lüneburgisches Patriziergeschlecht, welches [zur Lübecker Zirkelgesellschaft gehörte.
Wappen: In G. ein b. Balken, belegt mit 3, den Dorn aufwärtskehrenden ovalen g. Schnallen (wohl Semmeln?)
Auf dem Helme zwei g. Büffelhörner, je mit b. Spange, darauf liegend eine Schnalle (Semmel).
Decken: b. g.

Senden. (Taf. 18.)

Aus Senden in Westphalen nach Lübeck eingewanderte adlige Familie, welche auch das Lüneburgische Patriziat besass und noch jetzt in den Elbherzogthümern blüht.
Genealogische Notiz und Wappen s. beim Schleswig-Holsteinischen Adel.

Seth. (Taf. 18.)

Königl. schwedischer Adel d. d. 13. August 1716 für Johann Seth.
In B. ein mit schwimmenden natürlichen b. Fisch belegter g. Balken, begleitet oben von 2 balkenweis gestellten fünfstrahligen g. Sternen, unten von aufgerichtetem s. Monde (Hörner aufwärts).
Auf dem b. g.-bewulstetem Helme ein offener b., beiderseits mit fünfstrahligem g. Stern belegter Flug.
Decken: b. g.
1869 in Hamburg und Bremen.

Sieden.

Mehrere dieses Namens 1869 in Hamburg, wahrscheinlich van Sieden, also nicht adlig.

Sienen.

Eine 1869 in Hamburg noch vorkommende Familie, die anscheinend adlig ist, da bereits 1781 Jacob Albrecht v. Sienen Bürgermeister daselbst war.
Wappen:?

Sintern.

1869 in Hamburg vorkommende Familie, die wohl van Sintern heisst, also nicht adlig ist.

Slosarzewicz. (Taf. 19.)

Polnische Familie des Namens und Wappens Cies-

zyca. (In S. ein auf allen Vieren stehender r. Bock
Helm: derselbe wachsend.)
Ein Herr v. Slosarzewicz lebt 1869 in Hamburg.

Soden. (Taf. 19.)

Hannöver'sche Patrizier, ursprünglich von Sode; (auch Freiherrn und Grafen).
Wappen: Getheilt von B. über R. mit 2 Rosen pfahlweis übereinander, die obere r, die untere s.
Auf dem Helme 2 b. Fähnlein an r. Lanzen.
Decken: r. s.
NB. (heraldisch richtiger statt des B. wäre S.)
Zwei Herrn v. Soden 1869 in Hamburg.

Soëst.

Aus der gleichnamigen westphälischen Stadt nach Lübeck eingewanderte adlige Familie, aus welcher Volquin v. Soëst der 6. Rathsverwandte daselbst war, desgleichen Hermann v. Soëst der 18te.
Personen dieses Namens 1857 in k. k. österreichischen Militärdiensten. W.?

Soosten.

Es existiren 4 dieses Namens 1869 in Bremen.
Höchstwahrscheinlich stammt die Familie aus Holland, wo das van den Adel nicht bedeutet.

Soltau. (Taf. 19.)

Lüneburgisches Patriziergeschlecht, welches schon 1341 bekannt war und später zu den Hamburger adligen Patriziern gehörte. Es ist zu unterscheiden von der thüringischen Familie v. Soltau (Wappen: Taube mit Oelzweig) und der polnischen Familie v. Soltan (Wappen: Dudicz.)
Wappen In S. auf gr. Boden 3 wachsende gr. Stengel mit r. s. eichelähnlichen Früchten; zwischen dem 2. und 3. oben ein 8 strahliger g. Stern.
Auf dem r. s.-bewulsteten Helme ein Stern zwischen 2 von S. und R. übereckgetheilten Büffelhörnern.
Decken: r. s.

Som, (jetzt Somm oder Son). (Taf. 19.)

Hamburger adliges Patriziergeschlecht.
Wappen: In S. auf grünem Boden liegend ein abgeschnittenes grünes Aststück, aus dem unten ein nach oben gebogener Stiel mit gr. Kleeblatt wächst.
Auf dem r. s.-bewulsteten Helme dasselbe Aststück und Blatt zwischen 2 von S. und B. übereck getheilten Büffelhörnern.
Decken: r. s.
Mitglieder dieser Familie, als v. Somm oder Son 1869 noch in Hamburg.

Späth. (Taf. 19.)

In Dänemark wurde am 22. October 1777 Johann Jacob Späth, Husarenoberst, als adlig naturalisirt mit folgendem **Wappen:**
Geviertet mit s. Herzschild, worin 3 b. Balken
I. in B. ein abnehmender g. Mond. II. und III. in G. eine natürliche Kanone mit Laffette. IV. in B. 3 (2. 1.) g. Sterne.
Auf dem gekrönten Helme 3 Strausfedern. ‡ r. ‡.
Decken: fehlen. (b. s.)
Schildh. 2 widersehende s. Greifen.
1869 ein v. Späth in Wandsbeck, vielleicht stammt derselbe von Obigem ab.

Spreckelsen. (Taf. 19.)

Alte Familie, von der v. d. Knesebeck behauptet, sie sei nicht adlig, wenigstens die Linie, die in Verden vorkommt. Dennoch kommen sie in Siebm. V.

298 unter den adligen Hamburger Patriziern, wo sie schon 1616 im Rath sassen und im dänischen Adelslexicon als adlig vor mit folgendem Wappen:

In R. ein quergelegter s. Linden-Stamm, oben mit 2 Knorren und einem s. Blatt, unten mit 2 s. Blättern und einem Knorren.

Auf dem r. s.-bewulsteten Helm 2 Straussfedern r. s.

Decken: r. s.

Viele des Namens 1869 in Hamburg, auch in Bremen.

NB. Das dänische Adelslexicon giebt an, dass Peter Spreckelsen zu Dronningborg d. d. 6. April 1682 den dänischen Adel erhielt.

Wappen: wie oben, der Stamm und die Blätter golden, gekrönter Helm: der Stamm aufgerichtet, das eine Blatt links, zwischen 2 Straussfedern.

Schildhalter: 2 g.-behalsbandete s. Windhunde.

Staden.

Ungewiss, ob einer der adligen Familien v. Stade angehörig, oder ob van Staden, kommen 1869 in Hamburg mehrere von Staden vor.

Stein. (Taf. 19.)

Aus Osnabrück stammende, nach Lübeck übersiedelte Adelsfamilie. 1289 Meinricus Bürgermeister zu Lübeck.

Wappen: In S. ein ‡‡ Schrägrechtsbalken. Auf dem Helme ein Flug wie der Schild bezeichnet.

Hiernach würden sie zu den Stein v. Ostheim zu zählen sein.

Stempshorn. (Stenoshorn). (Taf. 19.)

Adliges Hamburger und Bremer Patriziergeschlecht.

Wappen: In S. ein g. Jagdhorn mit r. Band.

Auf dem r. s.-bewulsteten Helm 2 von R. und S. übereck getheilte Büffelhörner.

Decken: r. s.

Stendt. (Stendten). (Taf. 19.)

Hamburger adliges Patriziergeschlecht, jetzt erloschen.

Wappen: Im von S. u. B. gespaltenem Schilde, auf gr. Boden, vorn ein gr. Weinstock mit 2 Tranben, dazwischen zwei Blätter, hinten ein aufgerichteter s. Bock.

Auf dem b. s.-bewulsteten Helm 2 s. Büffelhörner.

Decken: b. s.

Sternfeld.

Unbekannt, welcher der vielen Familien dieses Namens angehörig, lebt eine verwittwete v. S. 1869 in Hamburg.

Stiten, auch (Stytten). (Taf. 19.)

Lübecker Patrizier, stammend aus Mecklenburg, erloschen im 17. Säculum mit Hartwig v. Stiten. Die Familie gehörte zur Lübecker Zirkelgesellschaft.

Wappen: Gespalten von G. und R., vorn am Spalt ½ r.-gekrönter Büffelkopf mit r. Nasenlöchern, vorwärts gekehrt, hinten ein g. Schrägrechtsbalken.

Auf dem Helm ein r. Flügel mit dem g. Schrägbalken.

Decken: ‡‡ gr. r. g.

II. Stiten gen. v. d. Rose.

Hamburger Patrizier.

Wappen: in G. 3 (2. 1.) r. Rosen.

Auf dem Helme eine dergl.

Decken: r. g.

Bd. III. Ath. 3.

Suckow. (Taf. 20.)

Die Familie gehört zur Lübecker Zirkelgesellschaft.

Wappen: In S. ein g. Tatzenkreuz.

Auf dem r. g.-bewulsteten Helm ein g. Ordenskreuz zwischen 2 r. Büffelhörnern.

Decken: r. g. (hiernach scheinet auch heraldischer — das Feld richtiger r. zu sein).

Die Familie ist nicht zu verwechseln mit der gleichnamigen Mecklenburgischen Familie. (Wappen Bär gegen Baum anspringend).

Thien, von. (Tafel 20.)

Kaiserlich Königlich erbländischer österreichischer Adel d. d. Wien 9. Januar 1828 für die Gebrüder Hans Friedrich und Friedrich Wilhelm Vontbien, unter obigen Namen.

Wappen: In R. eine g. »Wasserthiene«.

Auf dem gekrümmten Helme dieselbe zwischen 2 r. Büffelhörnern.

Decken: r. g.

Ein Kaufmann v. Thien lebt 1869 in Hamburg, andere v. Thien in Mecklenburg.

Thiessen.

Ein v. Thiessen 1869 in Hamburg. Ob derselbe zum Adel gehört oder van Thiessen heisst, kann dieseits nicht entschieden werden.

Thünen.

Familie, die 1813 Tellow und seit 1853 Amalienhof bei Güstrow in Mecklenburg besitzt, erklärte 1837, dass sie nicht adlig sei, übrigens verschieden von den Holsteinischen v. Thienen und mecklenburgischen von Thien. 1868 ein Pächter zu Grönau bei Lübeck (eigentlich Mecklenburger auf Tellow bei Teterow (Reichstagsabgeordneter), 1869 ein Privatier v. Thünen in Bremen.

Toden. (Taf. 20.)

Die Familie gehörte zur Lübecker Zirkelgesellschaft, ist aber erloschen.

Wappen: In R. ein schräggestellter g. Ast mit oben 2, unten einer wachsenden g. Rose.

Auf dem Helm ein Pfauschweif.

Decken: r. g.

Torp.

Wahrscheinlich ein Besitz des dänischen Personal-Officier-Adels (nicht erblich) lebt ein Oberst aus den v. Torp 1869 in Hamburg.

Travelmann. (Taf. 20.)

Münstersches Erbmänner-Geschlecht, später nach Lübeck gekommen und zur dortigen Zirkelgesellschaft gehörig. Albert Travelmann 1364 Rathsverwandter dorten.

Wappen: In G. ein b. Balken.

Auf den Helme zwei Büffelhörner, rechts von B. u. G., links von B. u. S. gewunden.

Decken: b. g.

Trier.

Ein v. Trier 1869 in Hamburg. Vielleicht gehört derselbe zu der Familie Trier genannt Königsberg (Joh. Trier, k. Garde-Kürassier Wappenbrief d. d. Brüssel 4. Juli 1549).

Wappen: gespalten von G. u. R., vorn ein rechtsgekehrter r.-gekrönter, r.-gewäffter b. Löwe, hinten ein s. Doppelhaken.

Aus dem r. g.-gewäffeten Helm wächst der Löwe.

Decken: r. g.

6

Tronchin. (Taf. 20.)

Adliges Geschlecht aus Neufchâtel, auch: Tronchin de L'Oriol.

Wappen: entweder: In B. ein s. unten von 2 g. Lilien beseiteter Adler, oder geviertet. I. und IV.: Adler ‡‡ und Lilien r. im g. Felde. II. und III.: In B. ein aufgerichteter, den Bart rechts kehrender g. Schlüssel, überdeckt durch einen, mit 3 r. Sternen belegten s. Balken.

Auf dem Schilde die Edelkrone.

Ein Zahlmeister v. Tronchin 1869 in Bremen.

Tyssenhausen, (Tiesenhausen). (Taf. 20.)

Verschieden von der kurländischen, ein dem von Plessen'schen ähnliches Wappen führenden, gleichnamigen Familie. Gehörten zur Lübecker Zirkelgesellschaft.

Wappen: In B. 2 geschrägte g. Weinkerste.

Auf dem Helme 2 Büffelhörner g.-b.

Decken: b. g.

Tseven, v. (Taf. 20.)

Hamburger adliges, wohl erloschenes, Patriziergeschlecht. 1553 Hinrich v. Tseven Rathsherr.

Wappen: Spitzenweis von S. über R. mit 3 aufsteigenden Spitzen getheilt.

Auf dem Helme ein von S. über R. übereckgetheilter Flug.

Decken: r. s.

Uehtrup.

Vielleicht von einem dänischen Offizier, also nicht zur Weiterführung des (Personal)-Adels berechtigt, stammen die v. Uehtrup, welche 1868 in Bremen vorkommen.

Uffel.

Wahrscheinlich aus der, auch in Hannover und Verden vorkommenden Familie dieses Namens, welche von Hrn. v. d. Knesebeck als nicht adlig angegeben wird, stammt der Kaufmann v. Uffel in Bremen 1869.

Utrecht. (Taf. 20.)

Hamburger adliges Patriziergeschlecht, früher daselbst rathsgesessen.

Wappen: In R., auf s. Wasser schwimmend, ein s. Schwan, der einen aus dem linken Schildesrand hervorgehenden g. Kahn an s. Bande, was er um den Hals hat, zieht.

Auf dem Helme ein flugbereiteter, b.-gewäffter s. Schwan.

Decken: r. s.

Vangerow. (Taf. 20.)

Königlich preussischer Adel d. d. 6. Juli 1798 für den Regierungspräsidenten Vangerow zu Magdeburg, dessen Nachkommenschaft auch in Hannover blüht.

Wappen: In B., über r. Rose im Schildesfuss, ein mit g. Pfeil belegter g. Bogen aufgerichtet.

Auf gekröntem Helme die Rose an grünem Blätterstiel zwischen 6 r. s. wechselnden Straussfedern.

Decken: b. g.

Ein Buchhändler v. Vangerow in Bremerhaven 1869, wahrscheinlich von obigen abstammend.

Vietinghoff. (Taf. 20.)

Jedenfalls der westphälischen uradligen Familie, welche als Wappen einen mit 3 g. Muscheln hintereinander belegten ‡‡ Schrägrechtsbalken im s. Felde und auf dem Helme einen s. gestülpten ‡‡ Turnierhut

mit schreitendem s. Fuchs, der eine g. Kugel im Rachen hält,

Decken: ‡‡. s. führt,

gehört der Hauptmann a. d. v. Vangerow an, welcher 1869 in Hamburg lebt.

Vorrath. (Taf. 20.)

Die Familie gehörte zur Lübecker Zirkelgesellschaft und scheint erloschen.

Wappen: In B. ein g. Löwenrumpf mit ganz r. Rachen.

Auf dem Helme wachsend, auswärts gelehnt, 2 Pferdefüsse, rechts ‡‡, der linke g., mit einem s. Ringe, der unterhalb des Knies umgelegt ist.

Decken: b. g.

Waldau. (Taf. 21.)

Die Familie soll aus Sachsen stammen und führt (nach v. Meding III.) folgendes Wappen:

In S. 4 grüne Oelblätter mit den Stielen nach der Mitte zusammen so gestellt, dass sie ein Andreaskreuz bilden.

Kleinod ist nicht angegeben.

1869 in Hamburg ein Kaufmann v. Waldau, der vielleicht dieser Familie angehört.

Wardenburg. (Taf. 21.)

Genealogische Notiz und Wappen s. beim Schleswig-Holsteinischen Adel.

Ein anhaltischer Hauptmann a. d. v. Wardenburg lebt 1869 in Hamburg.

Warendorff. (Taf. 21.)

Lübecker Patrizier, urkundlich mit Hinricus à Warendorp, 1846; bereits 1122 war Ecke v. Warendorff im Lübeckschen Rathe; sollen aus dem Münsterschen dahin gekommen sein.

Wappen: Von R. und G. fünfmal (6 Plätze) schrägrechts getheilt; der mittlere b. Platz belegt mit 3 fliegenden s. Lerchen. Lerchen hintereinander.

Auf dem Helme 2 schräg einwärts gelehnte g. ovale Schilde, je mit dem einwärts schrägen Balken, mit den 3 Lerchen und je oben besteckt mit einem Busch von 5 g. b.-b. g. wechselnden Straussfedern.

Decken: b. g.

Var.: in G. 3 b. Balken (quer) der mittlere breitere belegt rechts hin mit 3 fliegenden g. Lerchen.

Auf dem Helme ein offener g. mit b. Punkten besäeter Flug.

Decken: b. g.

Waveren.

1869 in Hamburg vorkommende Familie, welche wohl van Waveren heisst, also nicht adlig ist.

Weilen. (Taf. 21.)

Gehörten zu den Hamburger adligen Patriziern, waren dort rathsgesessen.

Wappen: In S. schrägrechts gestürzt ein b., gebereifter und g.-bekreuzter Reichsapfel.

Aus dem Helme wächst auf b. s. Wulst ein geharnischter Ritter mit Sturmhaube, Spiess u. Stechschild.

Decken: b. s.

Werder. (Taf. 21.)

Meissnischer Uradel, später nach Niedersachsen gekommen. Die Familie gehörte zur Lübecker Zirkelgesellschaft.

Wappen: In B. ein r.-gesatteltes und gezäumtes schreitendes s. Ross.

Auf dem gekrönten Helme dasselbe aufgerichtet, hinter einer, oben mit Pfauwedel besteckten g. Säule.
Decken: b. s.
Die Familie ist zu unterscheiden von den drei gleichnamigen andern Familien.

Wersebe. (Taf. 21.)

Uradel des Herzogthums Bremen, dort schon 1354 angesessen.
Wappen: gespalten, von S. und ‡‡.
Auf dem Helme 2 Büffelhörner s.-‡‡.
Decken: ‡‡. s.
Ein Amtsgerichtsassessor von Wersebe 1869 in Geestemünde.

Westenholz. (Taf. 21.)

Reichsadel d. d. Wien 7. März 1693 für Melchior Ludwig Westenholz, braunschweigisch-lüneburgischen Legationssecretär zu Nimwegen († 1694).
1869 ein Kaufmann v. Westenholz in Hamburg, wahrscheinlich ein Nachkomme.
Wappen: Geviertet. I. und IV.: gespalten von B. und S., in jedem Felde ein aufgerichteter, beiderseits 3 Mal geästeter Baumstamm abgehauen, natürlicher Farbe. II. und III.: Von G. über B. getheilt durch einen mit 3 r. Leopardenköpfen nebeneinander belegten s. Balken.
Aus dem gekrönten Helme gehen die Stämme wie im Schilde, etwas auswärts gelehnt hervor.
Decken: ‡‡. g.-b. s.

Westhofen. (Taf. 21.)

Adlige Familie; gehörte zur Lübecker Zirkelgesellschaft.
Wappen: In B. 2 geschrägte g. Glevenzepter.
Aus dem Helm wächst ein r.-gezäumtes s. Ross.
Decken: b. g.
Die Familie ist von einer anderen gleichnamigen, welche einen gestümmelten Adler im Wappen führt, zu unterscheiden, sowie von folgender Familie.

Westhoff, (Werthoven II.) (Taf. 21.)

Dieselbe blühte auch in Lübeck, und zwar erhielt d. d. Regensburg 20. Aug. 1613 Willichis Westhovius, Sohn eines Predigers bei Lübeck, Rektor der Schule zu Herlow (Seeland) den Reichsadelstand mit folgendem Wappen:
Geviertet. I. und IV.: in B. innerhalb eines grünen Lorbeerkranzes ein g. Stern schwebend. II. u. III.: in R. ein aufgerichteter s. Pegasus.
Auf dem gekrönten Helme Stern und Kranz zwischen offenem rechts g. über B. links S. über R. getheilten Fluge.
Decken: b. g.-r. s.

Westphalen, (Westphal). (Taf. 21.)

Westphälischer Uradel, im 13. saec. nach Niedersachsen und Westphalen gekommen. Arnold Westphal war 1450 Bischof v. Lübeck; die Familie gehörte zur dortigen Zirkelgesellschaft.
Wappen: gespalten von B. und G. vorn ein g. Löwe, hinten am Spalt ½ ‡‡ Adler.
Auf dem Helme ein flugbereiter g. Falk.
Decken: b. g.-‡‡. g.
Die Familie ist zu unterscheiden von den 3 gleichnamigen andern Familien.

Wetke. (Taf. 21.)

Rittermässiger Reichsadelstand und Adelsbestätigung d. d. Wien 1. Juli 1678 für Thomas Wetke aus

Hamburg, dessen Nachkommen sich in Mecklenburg Holstein etc. begütert gemacht haben, jetzt aber erloschen zu sein scheinen; gehörten zu den Hamburger adligen Patriziern.
Wappen: In ‡‡ ein g. lateinisches W; aus dem eben ein dreiblättriger gr. Zweig des Tausendschön mit 2 r. Blüthen wächst.
Auf dem Helme derselbe zwischen 2 von ‡‡ und g. übereckgetheilten Büffelhörnern.
Decken: ‡‡. g.
Sic ex dip. cop.
Nach einem Hamburger Patriziats-Wappenbuch ist das W ‡‡ in G. und die Büffelhörner g. ‡‡ übereck.

Wichmann. (Taf. 22.)

Gehörten zu den Hamburger Patriziergeschlechtern, sind anscheinend erloschen.
Wappen: Getheilt R. über B. Oben schreitend ein g. Löwe mit einem, an jeder Ecke mit Kugel besetztem s. Stabe, in der Pranke; unten 2 s. Sterne balkenweis.
Aus dem r. s.-bewulsteten Helme wächst der Löwe mit Stab.
Decken: r. s.
Die Familie ist verschieden von den 3 anderen Familien gleichen Namens.

Wickede. (Taf. 22.)

Lübecker Patrizier, aus Westphalen stammend, (genealogische Notiz s. beim Schleswig-Holsteinischen Adel). Die Familie gehörte zur Lübecker Zirkelgesellschaft und führte diese Linie folgendes Wappen:
Getheilt G. über B., oben wachsender ‡‡ Adler, unten g. Sparren.
Auf dem gekrönten Helme 2 ‡‡ linksgebogene Gemshörner, (mit kleinem Federbusch an der Spitze) je belegt mit 2 g. Sparren.
Decken: ‡‡. g.-b. g.
NB. Aeltere Siegel ergeben den Adler in einem g. Schildeshaupte.

Wieding.

1869 in Hamburg vorkommende Familie unbekannten Ursprungs, fraglich ob adlig.

Wiegen. (Taf. 22.)

Hamburger adliges Patriziergeschlecht.
Wappen: In B. auf grünem Boden ein flugbereiter s. Vogel; derselbe auf dem Helme.
Decken: b. s.
Noch 1869 mehrere dieses Namens in Hamburg.

Wietersheim. (Taf. 22.)

Aus Stadthagen stammend, nach Lübeck eingewandert, wo Gabriel v. Wietersheim 1607 Thumherr war. Den Reichsadel erhielt Anton v. Wietersheim, Dr. j. u. comes palat., Holstein-Schauenburgischer Kanzler und kaiserlicher Rath d. d. Prag 28. Februar 1592.
Wappen: In B. ein mit 2 g. Lilien nebenander belegter r. Balken.
Auf dem gekrönten Helme die Lilie.
Decken: b. g. r. (ex dip. cop.)
Das jetzt geführte Wappen gehört späteren Diplomen an.

Winthem, (Winden). (Taf. 22.)

Eine aus der bekannten Mündenschen Patrizierfamilie v. Windheim in Hannover; gehörte zu dem Hamburger adligen Patriziern und führte folgendes
Wappen: In S. 3 (1. 2) ineinander verschlungene ‡‡ Ringe, der obere oben offen.

Auf dem ??, s.-bewulsteten Helme ein offener s.-
?? Flug.
Decken: ?? ?.
Noch 1869 Kaufleute dieses Namens in Hamburg.

Von der Wisch.

Jedenfalls nicht zu der ? holsteinischen gleichnamigen Familie dieses Namens gehörig, vielleicht
van der Wisch, leben mehrere dieses Namens 1869
in Hamburg.

Witte.

Ungewiss, welcher der drei nobilitirten Familien dieses Namens angehörig, ein Offizier a. D. 1869
in Hamburg lebend.

Wittich, (Wittick). (Taf. 22.)

Lüneburger Patriziergeschlecht, verschieden von
denen v. Wittich in Pommern und Preussen. Die Familie gehörte zur Lübecker Zirkelgesellschaft, scheint
aber erloschen.
Wappen: In B. ein grünes Kleeblatt ohne Stiel,
gegen welches mit den Köpfen im Dreipass 3 s. Fische
gestellt sind.
Auf dem Helme ein von G. über R. geth. Flügel.
Decken: r. g.

Wobeser. (Taf. 22.)

Pommerscher Uradel, welcher auch in Preussen
und der Lausitz geblüht hat.
Wappen: In S. ein grünes Mummelblatt.
Auf dem Helme 3 natürliche s. Lilien an grünen
Stengeln.
Decken: gr. s.
Var.: das Blatt gold in blau.
Ein Ingenieur v. Wobeser 1869 in Hamburg.

Würtzen, Würzen.

Kommen 1869 in Hamburg vor, und heissen wohl
van Würzen, sind also nicht adlig.

Wykingkhofe. (Taf. 22.)

Verschieden von denen von Vietinghoff genannt
Scheel, stammend aus dem gleichnamigen westphäli-

schen Orte und nach Lübeck ausgewandert. Die Familie gehörte zur Lübecker Zirkelgesellschaft, scheint
aber jetzt erloschen.
Wappen: In B., innerhalb eines perspectivisch
sichtbaren g. Pallisadenzaumes, der unten und beiderseits in den Schildesrand verschwindet, und innen
grünen Boden zeigt, 3 wachsende, trockene, beiderseits 2 g. Knorren habende, Aeste, der mittlere höher.
Auf dem Helme ein dergleichen Ast.
Decken: b. g.

Zauner. (Taf. 22.)

Wahrscheinlich Reichsadel. Die Familie gehörte
zur Lübecker Zirkelgesellschaft und scheint erloschen.
Wappen: In B. ein quer über den Schild geführ-
ter anstossender Zaun aus g. Weidengeflecht (Hürde).
Auf dem Helme ein Flügel, wie der Schild bezeichnet.
Decken: b. g.

Zerrenthin. (Taf. 22.)

Ukermärkischer Uradel, bereits mit Hermann Zerrenthin 1375 urkundlich; die Familie gehörte zur Lübecker Zirkelgesellschaft.
Wappen: Getheilt von G. über gr., oben ein
wachsendes s. Ross, unten ein g. Schräggitter.
Auf dem gekrönten Helme 2 grüne Handschuhe,
welche 2 geschrägte Zepter halten.
Decken: ??. g.-gr. s.

Zerssen. (Taf. 22.)

Niedersächsischer Uradel, welcher auch in Schle-
sien sich ausbreitete.
Wappen: In S. ein ?? Kesselhaken.
Auf dem Helme ein ?? (alias r.) Hahnenrumpf.
Decken: ??. s.
Als Devise findet sich: Spes mea in deo. 1869 ein
Commissionar v. Zerssen in Hamburg.

Zeska. (Taf. 22.).

Genealogische Notiz und Wappen s. beim Schleswig-Holsteinischen Adel; 1869 ein v. Zeska in Hamburg lebend.

Register

zum Adel der freien Städte Hamburg, Bremen und Lübeck.

(Die erste Zahl bedeutet die Seite, die zweite die Tafelnummer).

ABERCRON.   ADELEBSEN.   AHLEFELDT·ESCHELSMARCK, Gr.

AHLEN.   AHSEN.   ALLWORDEN.

ANCKELMANN.   ARENDS.   ATTENDORN.

BARCLAY de TOLLY.   BARCLAY de TOLLY, and.   BARCLAY de TOLLY, 1792.

BARGEN.

BECK.

BEEB.

BEESTEN.

BEHRENS.

BELLINGHAUSEN.

BENTHEM.

v.d. BERGE.

BERGEN.

BERGEN and.

BERCHMANN.

BERINGHAUSEN.

BERK.

BESELER.

BESTENBOSTEL.

BOCK.

BÖHL v FABER.

BONINGHAUSEN.

BORCHOLT.

BORRIES.

BORSTEL.

BOSTEL.

v BOTH.

BRACKEL.

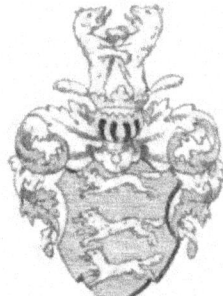

BRAUNSTEDE.

BRECKEFELDT.

BRECKEWALDT.

BREMER.

BROCKE.

BROCKEN.

BROCKES.

BROCKES, and.

BROCKES, III.

BROMBSEN.

BRUGGE.

BRUSKOW.

BUREN.

BUSCH.

CALBEN.

COLLN.

CRISPIN.

de la CROIX.

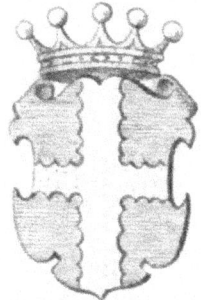

DADELSSEN.

DAHMEN.

DARTZOW.

DEGINGK.

DICKENHAUSEN

DINKLAGE.

DOMMER.

DONOP.

DORNE.

DORNE.

DORRIEN.

DRUSYNA.

DUHN.

DUISBURG.

DULLMEN.

DUTEN

DURING.

EHELING.

FELKING.

FELKING verm.

EHRENSTEIN.

EITZEN

EITZEN.

EMERSEN

ESSEN.

EVERS.

EVINGHAUSEN

vd FECHT

FINCK.

FORIS

GAKLOP.

GERBER.

GERDES.

GEVERDES.

GHELDERSEN.

GRAFER

GRAFFEN.

GRAWERT.

GRAWERT. ard.

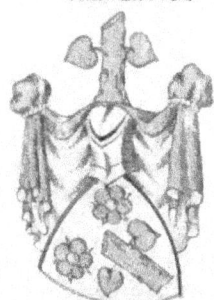

GRONING 1792.

GRONING, 1795.

GROSSHEIM.

GRZESKEWITZ.

GUNDLACH.

HALEM, St·W

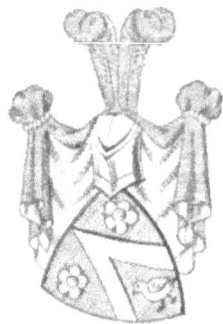

v HALEM.

HALLE.

HAMBERGER.

HANFSTENGEL.

HANSES.

deHARDE.

HARLESSEM.

HEEMSTRA.

HEIDE, v d.

HEINTZE.

v HENNINGS.

HERTZ.

HEYMANN.

HILDEBRAND.

HINCKE.

HOBE.

HOLK.

HOLTEN.

HOLTZE.

HOPFGARTEN.

HOVE.

HAMBURGER-BREMER u.LÜBECKER ADEL.

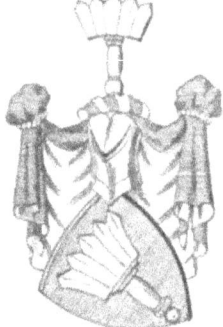

v. HOYA

HOYEMANNS.

HOYER.

HUPE.

HUTTLEN

ILLHOVEN

JUSTI

v. KAMPEN.

KANTZOW.

KAPFF

KASTROP.

KELLINGHAUSEN.

KERKRING

KIRCHNER.

KLINGENBERG.

KOHLER

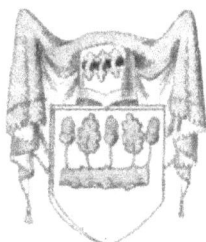

KONIGSLOW

KONSTEIN

KRETSCHMANN.

KROGE

KROGH.

LANGEN

LANNOY.

LEESEN

LEGAT

LEMEYER

LENGERKE.

LINTE

LEWEN

LINDEMANN.

LINDENAU

LOHE

LÜBECK

LÜNEBURG I

LÜNEBURG II

LÜNEBURG III

MAACK.

MAGIUS.

MEDEN.

MELLE.

MERCK.

MERE.

MITTLER.

MEYER.

MICHALKOWSKY.

MILES.

MÖLLER.

MOREN.

MORKIRCHEN   MÜNCHHAUSEN.   NAMENSDORFF.

NIGELEN.   NUSSBERG.   OBSTFELDER.

  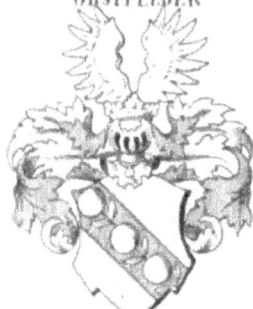

OSENBRÜGGE.   PECHLIN, Fhr.   PERSEVAL.

PFLUCK   PIERMONT.   PLESSEN

PLESSKOW

PLETTENBERG

PLÖNNIES

POSERN

POST

QUALEN

RADELEFF.

RAUCHHAUPT

RECHTENHUSEN.

REDERS

REMSTEDE

RENTELEN

RETBERG

RHEINWART

RHODEN

RUSSENBERGE

SALZBURG

SANDBECK I

SANDBECK II

SANTEN

SCHARFFENBERG

SCHELL

SCHELLENDAEL

SCHILDEN

SCHLÖZER

SCHREIBER.

SCHRÖDER.

SCHRÖDER.

SCHRÖDER

SCHULENDORFF.

SCHULTEN.

SCHWAREN.

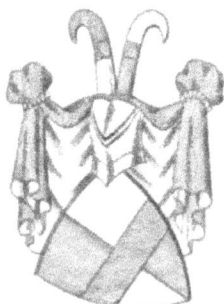

SEGEBERG.

SEMMELBECKER.

SENDEN.

SETH.

SLOSARZEWICZ.

SODEN.

SOLTAU.

SOM.

SPÄTH.

SPRECKELSEN.

SPRECKELSEN and

STEIN

STEMESHORN.

STENDT.

STITEN.

STITEN v d ROSE.

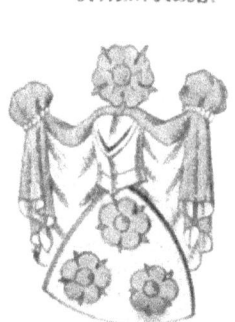

SUCKOW   THIEN   TIESENHAUSEN

TODEN   TRAVELMANN   TRONCHIN

TRONCHIN   TZEVEN   UTRECHT

VANGEROW.   VIETINGHOFF.   VORRATH

WALDAU.

WARDENBURG.

WARENDORFF.

WARENDORFF. and

WEHLEN.

WERDER.

WERSEBE.

WESTENHOLZ.

WESTHOFEN.

WESTHOFF.

WESTPHALEN.

WETKE.

WICHMANN.

WICKEDE.

WIEGEN.

WIETERSHEIM.

WINDHEIM.

WITTIG.

WOBESER.

WYKINGKHOFE.

ZAUNER.

ZERRENTHIN.

ZERSSEN.

ZESKA.

www.ingramcontent.com/pod-product-compliance
Lightning Source LLC
Chambersburg PA
CBHW021527270326

41930CB00008B/1136